문예빛단 시선 01

문예빛단
문학/작가
대상시집

# 네가 가는 길엔
# 햇살도 길을 그린다!

## 젬마 김영미 시집

광진문화사

**젬마 김영미 시집**
**네가 가는 길엔 햇살도 길을 그린다!**

인쇄 2025년 11월 17일
발행 2025년 11월 22일

지은이 젬마 김영미
발행인 유차원
펴낸곳 광진문화사
발행소 04556 서울 중구 마른내로 4가길 5
　　　　남양빌딩 3층 광진문화사
전　화 02-2278-6746
작가 E-mail : kygemmag@hanmail.net
출판 등록 제2-4312

# 네가 가는 길엔
# 햇살도 길을 그린다!

## 젬마 김영미 시집

# CONTENTS

- 詩人의 얘기

# # 제3부 가을 길에서

# # 제4부 봄 길에서

# # 제5부 아침 묵상 길에서

## <축하 메시지>
## -웅혼한 詩想을 열정의 불꽃으로 피워내!
### –이은집(한국문인협회 부이사장)

# - 詩人의 얘기

그 해의 시간은 멈추었다.
정지된 시간은 나의 존재를 길들이고
도화지에 그린 얼굴은
무질서를 향해 달려만 갔다.
순간,
걸어왔던 내 언어의 길은
코스모스의 별을 두 손 가아득 담아낸다.
사랑이라는 단단한 형체로!
새로이 탄생한 별에서,
영혼으로 엮어 낸 나의 생명 한 알 한 알들을
詩를 사랑하는 모든 이들에게
'기도라는 선물'로 안겨드리고 싶다.
이 詩들을,
또한 사랑하는 나의 별들인
박봄이랑 박여름 박가을 박겨울이랑,
전레오와 박별, 우리 작은 전미카엘과,
든든한 박하랑과 우리연서 글로리아와
나의 자랑스러운 조카들과
범연스님 선규, 선명, 석윤 사무엘, 석영 다니엘과
같은 문학 길을 걷는 자매 김연희 크리스티나 詩人께,

동행하는 박현환 미카엘과
박민균 작은꽃데레사와 박효균 베드로와 옐로우 킴에게,
그리고 사랑별을 챙겨드려야 할 나의 형제, 친척들과
현재의 나를 있는 그대로 기억해주는 모든 사랑하는 지인들과
어린 시절의 초. 중등 동창 별들과
그리고 고등. 대학 동창 친구 별들에게 이 詩集을 바친다.

- 2025년, 여름이 가을 길을 환하게 열어주는 8월에


　　　詩人 K.GEMMA.G 김 영 미 드림

# 네가 가는 길엔
# 햇살도 길을 그린다!

## 젬마 김영미 시집

# \# 제1부
# 겨울 길에서

# 1. 해오름에서

방황의 실타래를 친친감고
자다가 깨다가 마주한 채울 수 없는 얼굴
설레다 이글거리는 불꽃나무는
바다 머리꼭대기 검붉은
뿔, 뿔, 뿔
쑥쑥 솟아나 손에 잡힐 듯 다가와

뜨겁게 달구는 시린 가슴
끓는 두드림이 여기 있고
떨림이 저기 열정으로 가고
헤아림이 여기로 오는
세상 뒹굴던 마음
한바탕 쏟아지고

승천의 문턱에 닿은
고해성사마다
싱싱한 시간의 빈잔

머리에 이고
짭조름한 품의 사유를 안고
거칠거칠한
하얀 비늘바다 사막을

맨발로
둥둥
둥둥둥
박차고
내 얼굴 닮아
나
온
다

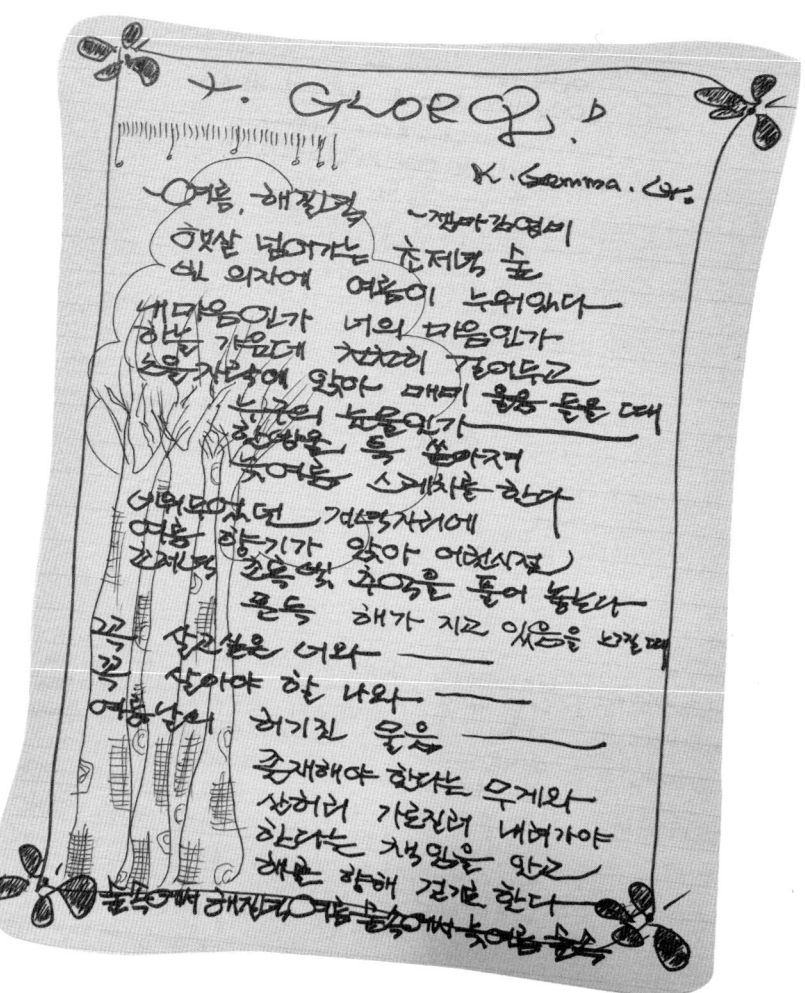

## 2. 고인돌에서 듣다


돌무덤 한가운데 섰다
아무래도 헛것을 들었나보다
누구의 살과 뼈를 묻었는가
춤사위같이 어리는 땅의 울음

이천오백, 삼천년의 무게를 들고
가부좌 틀고 부처같이 어질게 앉은
장엄한 역사의 목마른 고백인가
멀고 먼 그 시대의 숨결

의식 공간 불모지를 향하여 돌아오는
깊고 긴 세월을 방생한
두뇌혈관속의 가락가락 솔바람 같은
헤아릴 수 없는 내 안의 메아리여

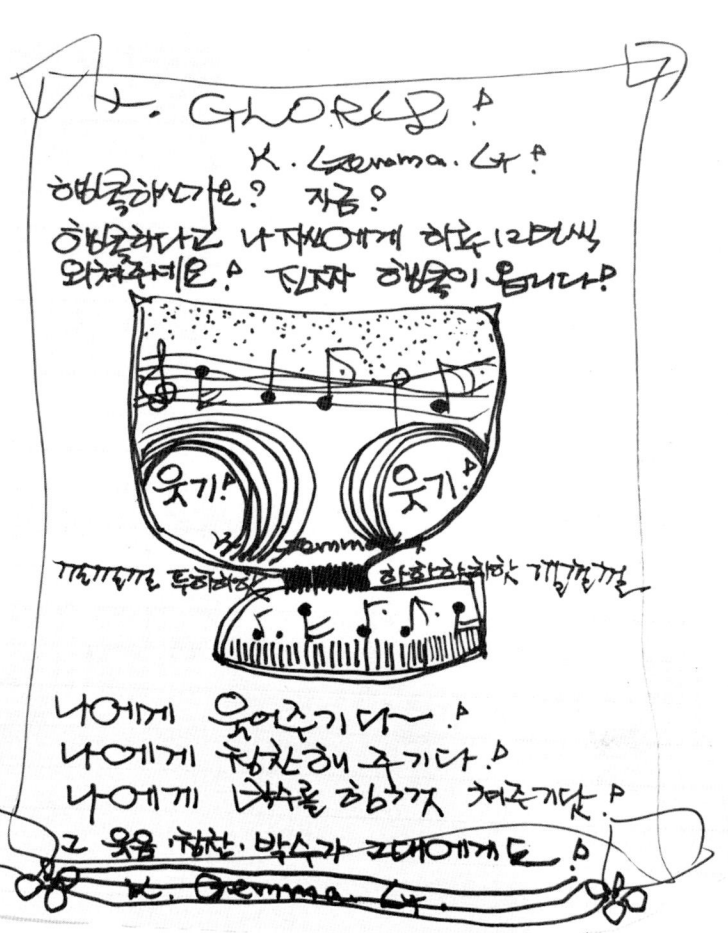

# 3. 예순이 지나갈 때에

기억이
안 난다
가끔씩 네가
계절로 키운 기억 그 자리에 없다

기억하려
태양풍을 만나 너의 보랏빛 오로라를 만들고
무더위 속에
뛰어들어
눈물을
쏟아 붓는다

그러나 기억에 없다
너를 소유하고 싶지 않은 모양이다
존재한다는 이유만으로
예순이라는
땅을 딛고 싶은가 보다

먼
먼 시간의 먼지인가
좋다
그냥 네가
나를 그렇게 기억했으면 한다

그렇게 또다시 먼지가 되어
나이를 익혀
예순 노을 불바다에
활활 태워
재도 없이
떠나는 방향도 없이
홀로
시공간 속으로 떠나갈 때

그리하여
존재함으로
예순의 얼굴은
詩 한 줄 되어 내 무덤 위로
죽음이 아닌 듯 스쳐 지나가는 건가

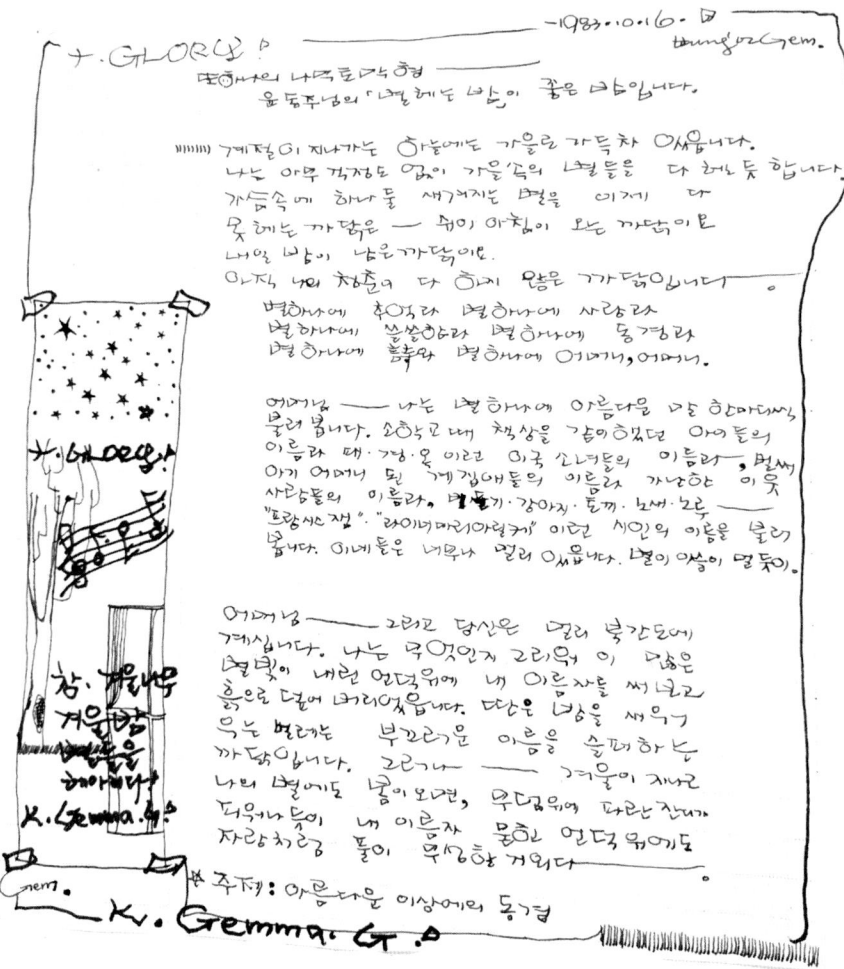

† · GLORY! 　　　　　　　　　　　—1983·10·16· ▢
　　　　　　　　　　　　　　　　taungfor Gem.
　　또하나의 나를르그녹형
　　　윤동주님의 「별 헤는 밤」이 좋은 밤입니다.

|||||| 계절이 지나가는 하늘에도 가을로 가득 차 있습니다.
나는 아무 걱정도 없이 가을 속의 별들을 다 헤일 듯합니다.
가슴속에 하나둘 새겨지는 별을 이제 다
못 헤는 까닭은 — 쉬이 아침이 오는 까닭이오
내일 밤이 남은 까닭이오.
아직 나의 청춘이 다 하지 않은 까닭입니다.
　　별하나에 추억과 별하나에 사랑과
　　별하나에 쓸쓸함과 별하나에 동경과
　　별하나에 슬픔과 별하나에 어머니, 어머니,

어머님 —— 나는 별하나에 아름다운 말 한마디씩
불러봅니다. 소학교 때 책상을 같이 했던 아이들의
이름과 패·경·옥 이런 외국 소녀들의 이름과, 벌써
애기 어머니 된 계집애들의 이름과 가난한 이웃
사람들의 이름과, 비둘기·강아지·토끼·노새·노루
"프랑시스 잼" "라이너 마리아 릴케" 이런 시인의 이름을 불러
봅니다. 이네들은 너무나 멀리 있습니다. 별이 아슬히 멀듯이,

어머님 —— 그리고 당신은 멀리 북간도에
계십니다. 나는 무엇인지 그리워 이 많은
별빛이 내린 언덕위에 내 이름자를 써 보고
흙으로 덮어 버리었습니다. 딴은 밤을 새워 우는
우는 벌레는 부끄러운 이름을 슬퍼하는
까닭입니다. 그러나 —— 겨울이 지나고
나의 별에도 봄이 오면, 무덤위에 파란 잔디가
피어나듯이 내 이름자 묻힌 언덕 위에도
자랑처럼 풀이 무성할 거외다.

※ 주제 : 아름다운 이상에의 동경
　　K. Gemma. G. ☺

# 4. 서 있는 곳에 詩를 심다

인간이 아니고 싶은 날이 있더라
하늘과 지치도록 싸움하는 날이 있더라
생각해보니
내가 누구에게인가 돌덩이 되어 있다

어른이 되면 평온해 질 줄 알았다
자유로운 영혼으로 존재하고 싶었다

눈을 들어 둘러보니
너는 나에게
나는 너에게
얽매여
더불어 아닌 사막 되어 살고 있더라

수도원에서 한나절 바람 따라 머물다가
내 걸음에
詩를 심어보라는 말씀이 흘러

눈에 보이지 않는 것이
더 소중하다는 어린왕자를 맘에 담고
광야에 나아가
발을 천천히 내딛는다

그래
너무 슬픔을 던지지도 말기다
너무 방황하여 휘돌지도 말기다
너무 생각에 잠기지도 않기다

강을 마주하여 강이 되고
바다를 마주하여 바다가 되고
그 사막 바람이 그 광야 햇볕이
내 언어가 되어주고 내 밥이 되어주는 걸

시간과 공간에 나를 얹어
나는 詩가 되어
광야를 향해
발을
천천히
내

딛

는

다

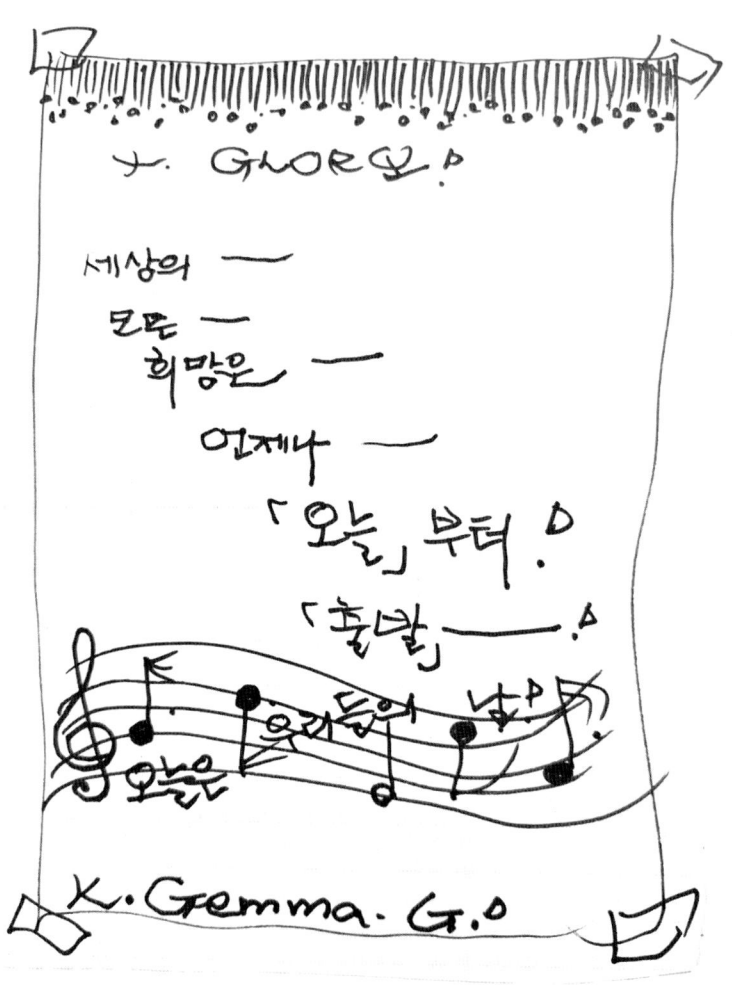

# 5. 바람이 눈 되어 쌓여갈 때

길을 찾고 있다
눈 내리는 언덕길을 오르고 있는데도
내가 걸어야만 할 길을 찾고 있다
왜 그렇게 길을 찾고 있었을까

구분 할 수도
셈을 할 수도 없는 길에
눈은 쓸쓸한 생각의 조각처럼 쌓인다
걸어 온 길에도
걸어가고 있는 길에도 바람은 숨 쉬며 드러눕는다

혹여
바람이 떠나는 길을 내가 걷는 것은 아닌지
내가
우리가
바람 닮은 눈인지도 모를 일이다

고백한다
제 갈 길 가는 눈송이에게서
가만히 일어서는 눈꽃바람에게서
그대와
내가 서로의
존재를 발견한다는 것은
눈이 걷기를 멈추기까지
생각조각이 되어 주어야한다는 것을

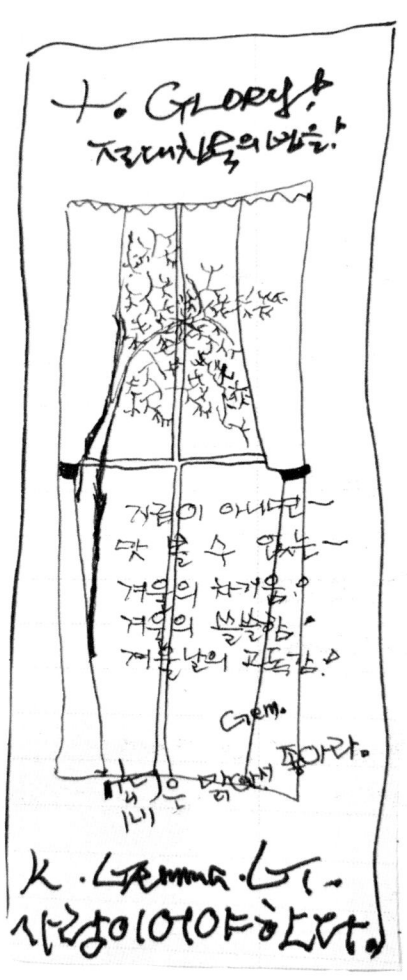

# 6. 또한 아름다운 것들!


크리스마스이브 날 약속 잊은 채
캡슐커피에 담겨 산타선물 타고 하늘을 날아봐!

젖은 머리칼 넘기며 하루의 노동 땀방울을
안데스 호수 소금 알맹이 되어 맛보며 싱싱하게
웃어봐!

햇빛이 놀다 흘린 한줄기 무지개 안에
시 한 줄을 얹어놓는다는 것도 엄청 멋져!

헤아릴 수 없는 우주 공간에
순간마다 나의 얘기를 던져 올린다는 것은 행복해!

사람과 사람 호흡 속에 눈 맞추며
잡초 뽑듯 상처 캐낸 자리에 사랑과 희망을 심어 봐봐!

숲과 숲이 어울려 맞닿아 있는 곳에서

누에처럼 고독을 길고 가느다랗게 뽑아낸다는 것도
좋아!

멈출 때 멈추고 기다릴 때 기다리는 것이
고뇌에서 고요의 변주곡으로
갑자기 흐르는 것은 자유로워서 더 좋지!

하늘의 별을 잠들 때 까지 세면서
환한 아침이 와도 찾아야한다는 생각은
자신의 별나라로 가게 해줘!

숫자세기가 결국엔 무한이라는 것을 깨달았을 때
언어의 눈빛에서 존재함을 건져 맛본다는 것
또한 아름다움임을!

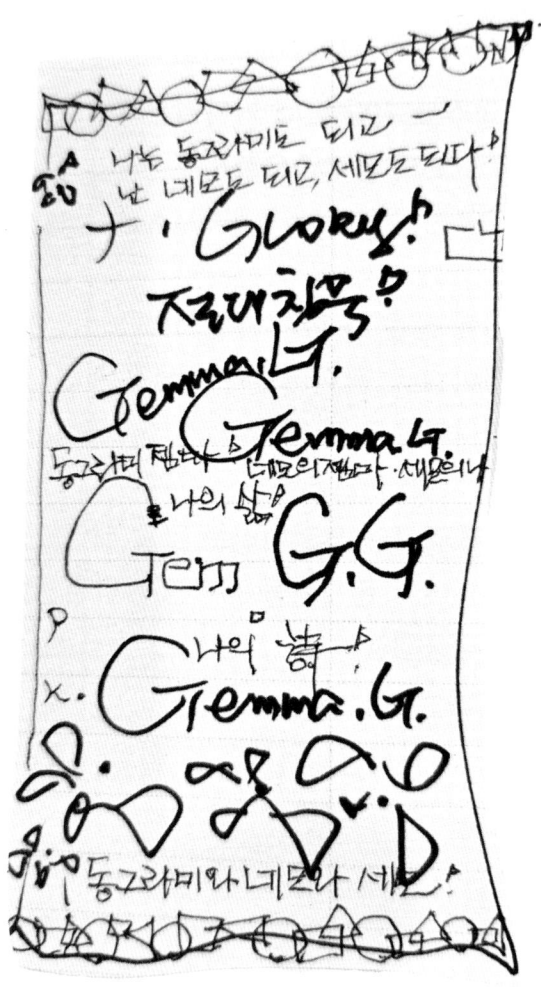

# 7. 화이트 크리스마스이브 여행

나는 기다리고 있다
꼭 듣고 싶은 소리가 있어 꼼짝없이 누워 있다

함박눈이 내리는 소리를
산타 썰매의 방울소리를

잠에 살짝 빠져든 것일까
산타는 푹 잠자고 있을 때 온다고 했었지

이윽고 별처럼 함박눈이 쏟아지고
산타 썰매의 방울소리가 침상으로 달려온다

꼬박 밤을 지새우며 행복에 빠져든다
함박눈꼬리를 잡아 꿈과 일어선다

며칠째 눈이 그치지 않는 북극에 온 걸까
벽난로가 더욱 따뜻해지면서 사랑이 오는 소리가

들린다
산타 썰매엔 선물들이 툭툭 튀어나와 합창을 하고
크리스마스이브 문이 드디어 열리면서 젊은 날들이
열린다

하하핫 웃음소리가 터질 때 서로에게 우리는
산타선물이 되고
성전 위로 영롱한 크리스마스 천사 되어 별무리처럼
날고 난다

# 8. '탄식의 다리'를 바라보며

우리가
너무
커다란 짐을
안고서

베네치아
바다 끝에
앉아있었던
것은 아닐까

그래
숨을 길게
온음표로
내 보내기다

끌어안고
온 삶을

64분 음표로 끊어
보내기로 한다
지금!

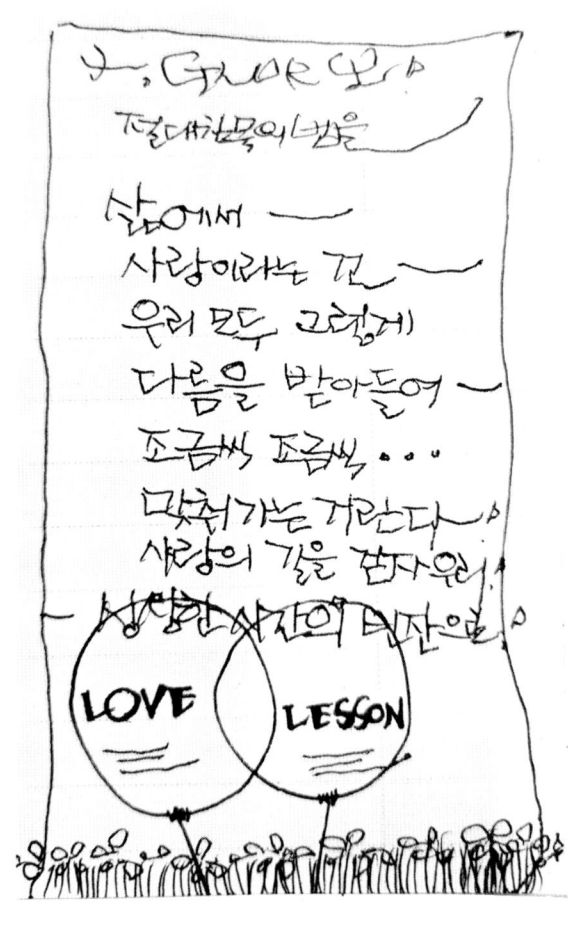

# 9. 우리와 모모의 별과 그리고 시간과

모모의 별은 작은 눈 돌덩이
그의 길을

오늘만큼
걸어
걸어간다고 말했을 때
한낮의 별이 보이기 시작하고
태양계의 시선이 우리에게로 쏟아질 즈음
함박눈이 출발선도 없이 내린다

마알갛게 웃던 네 얼굴위로
뜻 모를 상념이 자리를 잡고
우리는 서로에게 자리 잡히기 시작했다
아리아 선율처럼 흐르듯 쏟아지는 눈발 위에
들숨 되어 멈춰 버리자
날숨 되어 서 버리자

함박눈은 펄펄 내리고
너는 우리에게로 와 기억으로 쌓여
또다시
모모 별엔 눈부신 시간들로 가득하다

맑고 깊은 눈빛으로
달려달려
열정으로 의식을 쏟아내고
기어코 별똥별이 되어
깊이 잠든
널
우리는
우리가 가진 시간으로
깨울 수 있을까

# 10. 계절의 생각을 잡다

3월에 내린 눈
나무에 매달려
꽃봉오리를 꼭꼭 다지며 키운다

봄이 온 길 위에
봄눈송이들이 드러눕는다
파아란 구름아래
아부지 집이 저만치 거꾸로 오면
목련 닮은 엄마의 얼굴도 드러눕는다
어린 시절 추억은
봄을 캐고
들판 언덕 꿈들 계곡물과 흐르고 있다

뜨거운 여름은 신선한 소금을 만들고
지친 나날들이 자유롭게 하늘을 난다
아부지는 여름을 부채로 넘기며
따가운 해를 가로질러 천둥번개처럼

쏟아지는 가을 햇살 안고 오셨다
고추잠자리들 행복한 듯
코스모스 꽃들 위로 윙윙 맴돌 때
우리는 상념 하나 캡슐커피에 담근다

이토록 아름다운 가을날이었던가?
엄마는 짙은 가을연기 거두어
샛노란 은행잎 차곡차곡 단지에 개켜놓으신다

첫서리에 늦가을이 서툰 언어로
노을의 낙서 이야기 테너 되어 부른다
겨울도 콧마루가 시린 듯
첫눈의 긴 생각을 이야기 시작했다
함박눈이 내리는데도
나무들은 꽃봉오리를 키운다고 말했다

일어서야지!
계절을 먹고 먹으며
계절의 생각을 안고서
이제
너도 가고

나도 눈부신 먼지의
서늘한 계절을 잡고
굳건히 혼자 걸어 가야하는가 보다

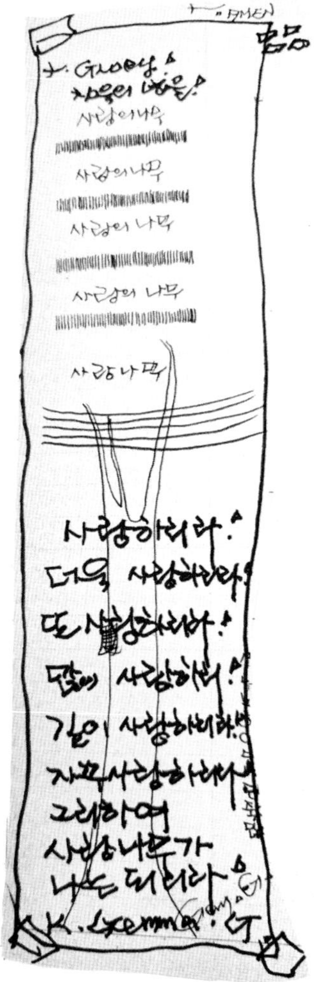
사랑의 나무
사랑의 나무
사랑의 나무
사랑의 나무
사랑나무
사랑하리라!
더욱 사랑하리라!
또 사랑하리라!
깊이 사랑하리라
그리하여
사랑나무가
나는 되리라

## 11. Deo Gratias!

듣습니다!
우주의 첫 빛을 음표로 발견하여 가만히 듣듯
생명 탄생의 첫 울음 편지 받들 듯
소립자 양성자와 반양성자 충돌하여
코스모스의 키가 순식간에 자라는 소리를 담듯
이 푸른 지구별에 그대와 함께 태어나
하루 24시간이라는 신비스런 의무를 받아
여기에 존재한다는 경이로움을 깨닫는 순간

말씀을 듣습니다!
말씀에
신비로운
성호를 긋습니다!
전능하신 하느님 감사합니다!

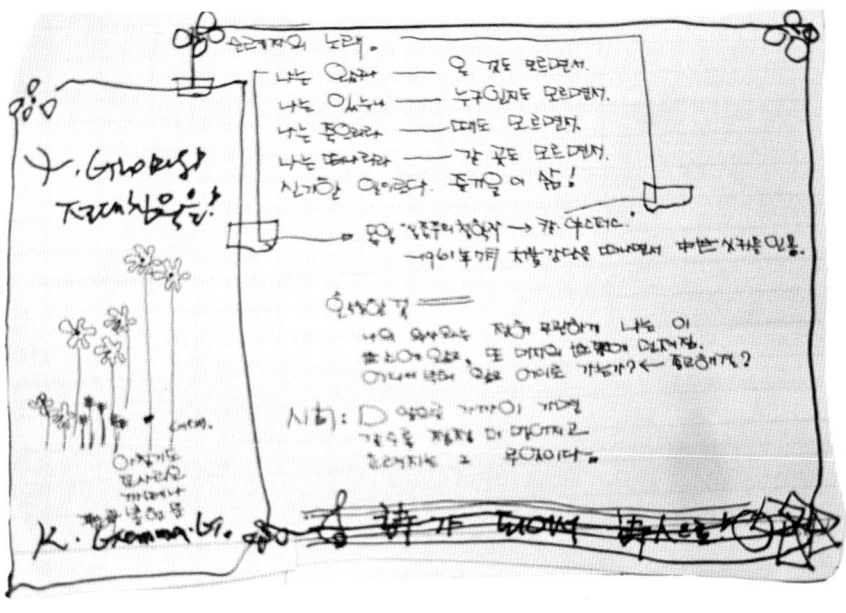

# 12. 첫눈이 건네는 말씀

오랫동안 그대는 녹아 사라졌었다
예순 나이 넘어 기억의 공간 열리고
드디어 2025년의 그대는
졸졸 시냇물로 넘실넘실 강물로 드넓은 바다로
밀물 썰물 넘나드는 파도에 휩쓸려 우리 안으로 흐르고
있다

오늘은 그대가
눈물로
감사로
우리 곁에 다가와 있는 건지도 모른다

그러하다 그대처럼
세상의 모든 것은 사라지지 않는다는 거다

기억에
마음에

우리와 함께
그대
그리고 이 세상의 모든 것들은
창조 본질과 함께
영원히 존재하는 거다

학벌 없는 예수 그리스도
아스팔트 옆 나무인 듯 애매한 나도
모두
첫눈을 바라보는
창조주 눈 안에서는 평등한지라

나
작은 그리스도 되어
시를 읽고 읊으니
첫눈 되어
낮은 자 되어라
낮은 자 되어라
더 낮은 자 되어라
땅으로 내리며 이르신다

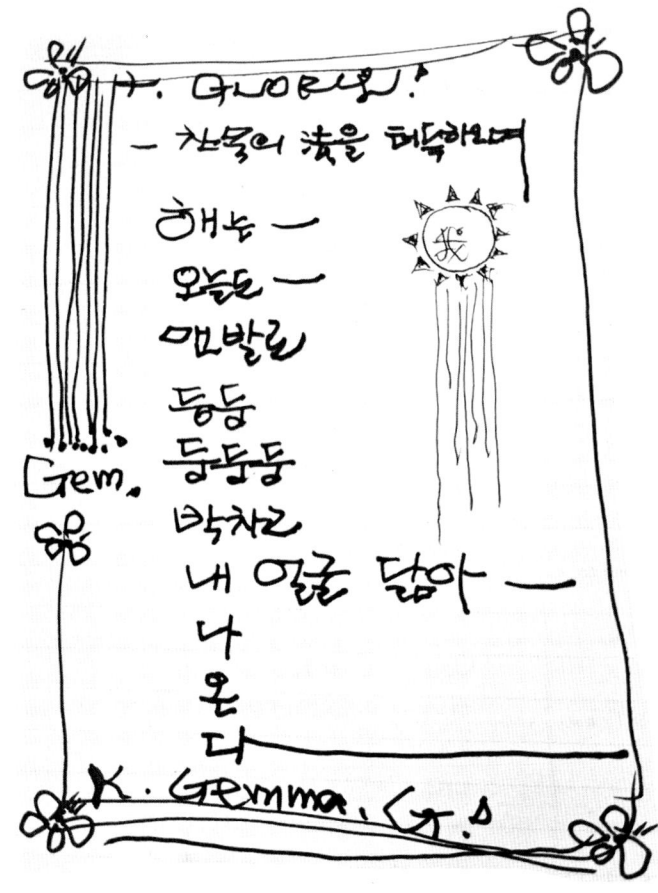

# # 제2부
# 여름 길에서

# 13. Benedicamus Domino!

주님을 찬미합니다!

## Benedicamus Domino!

두 발로
땅을
당당히 걸을 수 있음에

두 눈으로
별들을
가슴 가득히 담을 수 있음에

두 귀로
새들 노래 속에 들어가
아름다움을 깨달을 수 있음에

마음이 詩가 되고
영혼도 詩가 되니

비로소 詩를 열어 숨 쉴 수 있음에
비로소 영혼 열어 詩를 읊을 수 있음에

주님을 찬미합니다!

# Benedicamus Domino!

# 14. 홀씨, 날다

안녕 출발이다

겨드랑이 의기양양 달고
내 마음 솜사탕처럼 부풀려도
지금
이 땅 위의 모든 것을
다 알지 못함 깨닫고 있지

가벼운 햇살 정수리에 꽂고
어딘가에 안주할 소망역이라는
기차표를 거머쥐고 있어

가슴에 콩닥거리는 심장이 하는 말
보이지 않지만 이미 정해져 있는
길은 날아가는 자의 몫

바람의 입김에 얹혀 갈 테지만

내려야 할
약속의 정거장에서
땅 아래로 쭉쭉 뻗기로 할 거야

그 길은
하늘이 바라는 길

망설임 끝에
길은 시작 될 거다

자신 위한 기도
하얗게 홀씨 날아
함박눈 같은
별들을 향해
꿈의 폭탄 발사

이제 출발이야!

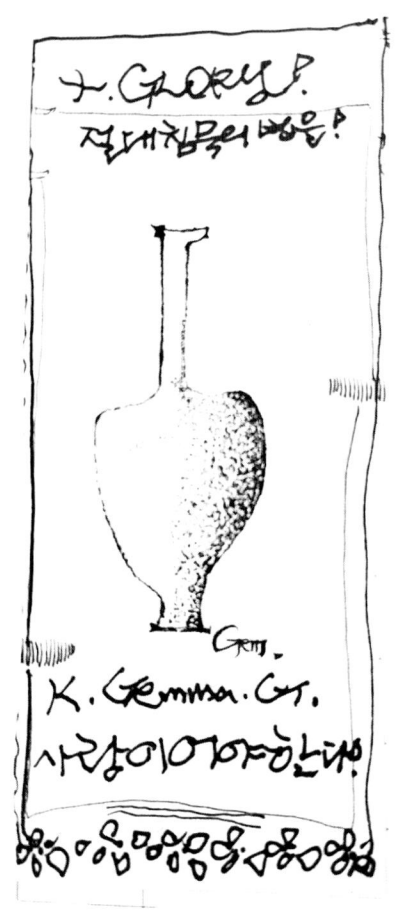

# 15. 루브르 길 잃다!

루브르 박물관 안
유물은 온음표인 듯
갇혀있다

활활
64분 음표로 숨 쉬어
살아있고 싶었던가?

거대하게 전시된
그들이
짙은 말을 건넨다

"한 번 떠나온 것들은
다시 돌아가지 못한다
떠난 것들이
다시 돌아오는 길은 없다"

여기서
제자리로 돌아가
자유로운 길을
함께 열
루브르는 어디 있을까?

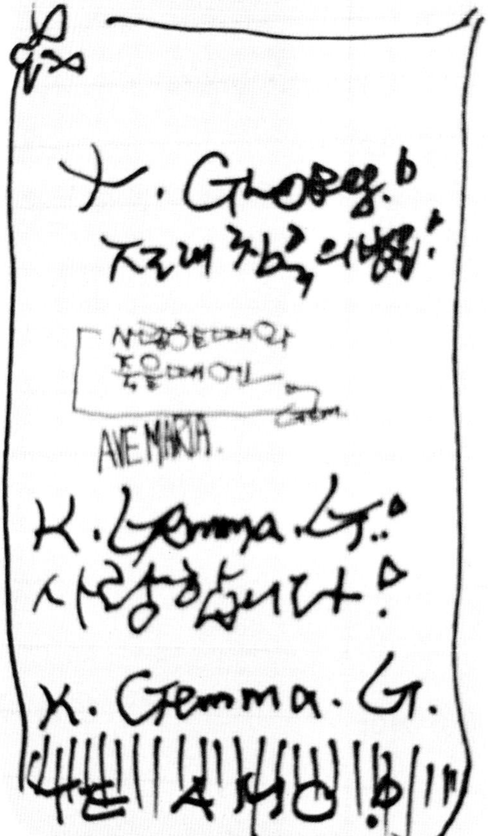
사랑할때와
죽을때에도
AVE MARIA.
K. Gemma. G.
사랑합니다!
K. Gemma. G.

# 16. 네가 가는 길엔 햇살도 길을 그린다!

주님께서 말씀하셨지
"너는 내가 사랑하는 아들, 내 마음에 드는 아들이다."
(루카 3.22)
네가
가는 길엔
햇살도
길을 열어 줄 거야

네가
걷는 길엔
공기도
길을 알려 줄 거야

네가
울며 가는 길엔
시간도
빨리 흘러가게 해 줄 거야

네가
힘들게 언덕길을 올라가는 길엔
네 십자가를
내가 함께 지고 네 어깨를 가볍게 느끼게 할 거야

주님께서 내게 또 말씀하셨지

네가
가는 길엔
햇살도
길을 그려주어 행복하게 할 거야

너는 그저
내가 주는 행복한 길을 찾아서
혼자이지만 자유롭게
출발 한 길을
따뜻한 햇살과 끝까지 걸어 나가기를

말씀에서 천천히 깨닫는다
우리가 걸어가는 길의 이야기를
아무리 얇게 베어 낸다 해도

거기에는 늘 희망과 또한 십자가가 주어진다는 것을

스쳐가듯이 말씀하신다
네가
가는 길엔
햇살도
길을 열어 줄 거야!

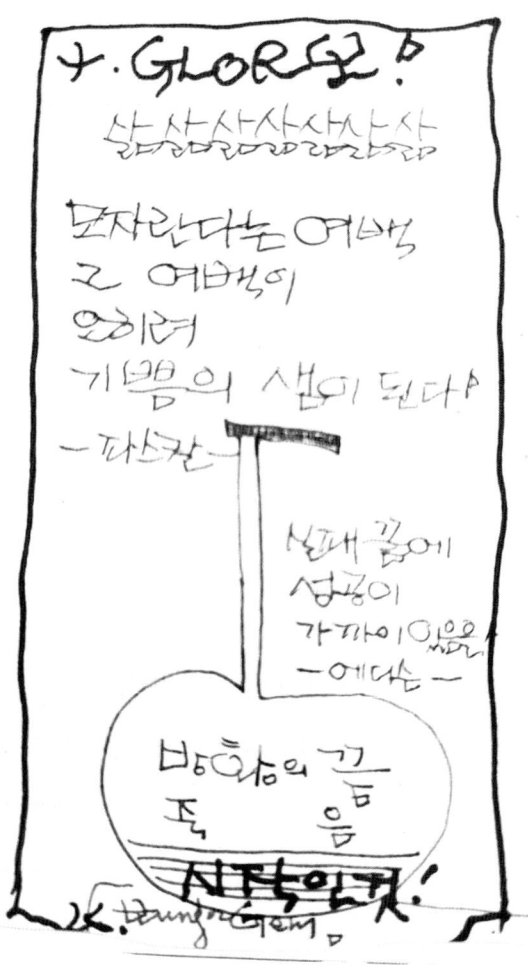

# 17. 아버지의 시간은 호흡으로 온다

바쁜 얼굴로 내 달린다
무언가 할 말이 남은 기차처럼
낯익은 강물의 길을 열어
아리고 저린 삶의 기인 침(鍼)
묻어나는 들숨날숨 나날들

낡은 책속에서 좁은 골목길로
뒤뚱뒤뚱 길을 묻는 누에고치
고백의 언어로 옷을 입을 때
휘파람 불며 향기 깊은 아버지의 주름살
재깍재깍 풀잎의 숨으로 진지하다

사랑하라는 한 말씀으로 오시어
둥근 날개 펼치며 화사한 노래
두레박 안에 담긴 줄무늬수박 같은
두 손 흔들어도 아버지 아침과 저녁은 끝이 있으랴
한 올 한 올 순간에 호흡 머물듯 돌아온다

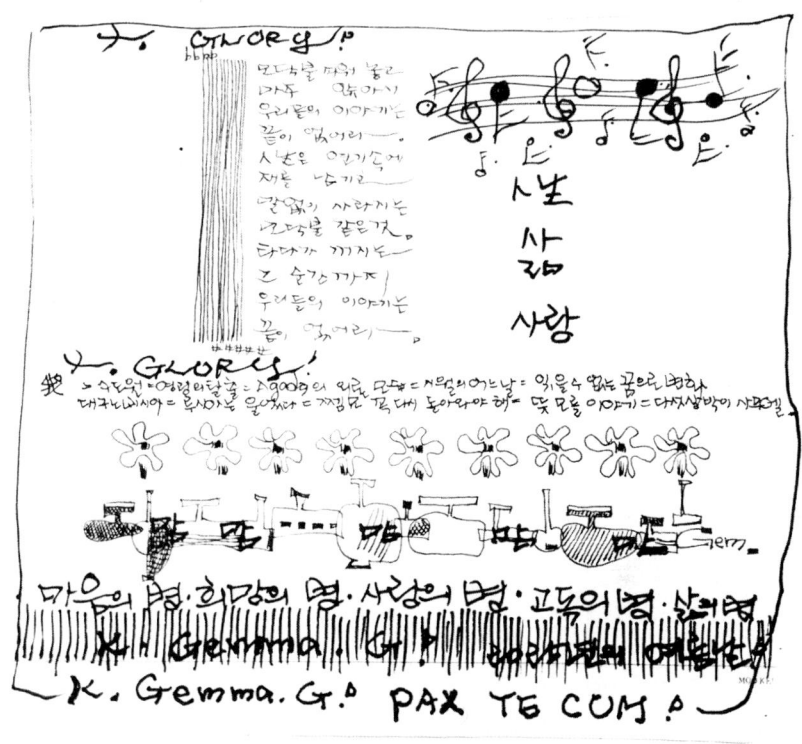

# 18. 시간을 듣다

기인
하루가 간다
가는 것은 하루일까
내가 가는 것일까

우주 질서에
맞춰가는 길은
과연
내 시간인 것일까

빙하기에 박힌
시간의 화살에서
빛나는 코스모스
한줄기 향기를 먹는다

맺힌 하루 향기
내 시간이었을까

마음 가득 흐르는 은하수에 발 담구고
건너가는 시간의 긴 이야기들을 듣다

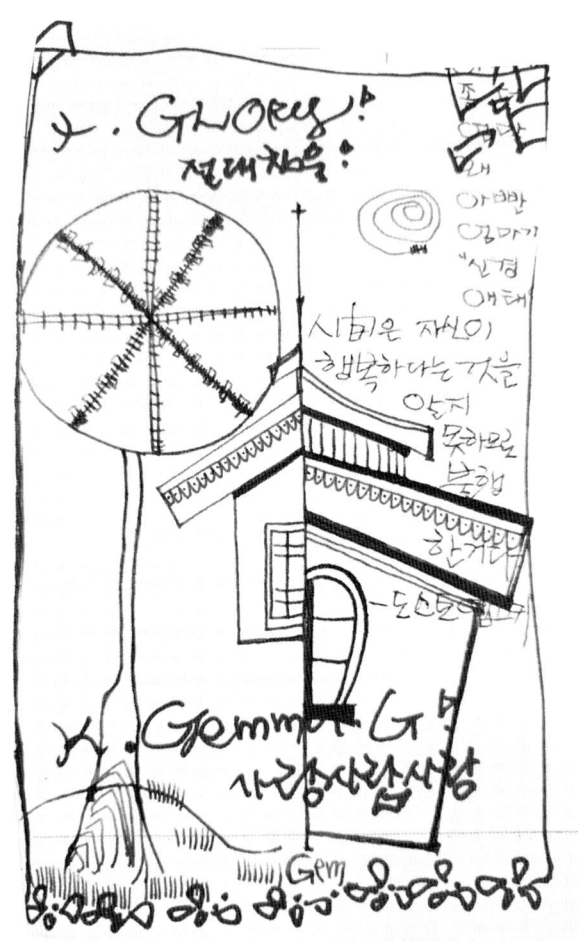

# 19. 생각의 자리를 넓히다

채찍비가
늦여름
초가을 사이
가로로
후두둑 커피 잔에
쏟아진다

빈 들판 함박눈
늦겨울과
초봄 사이
해 지는 길
방랑자처럼 커피 안에서
사라진다

세찬 세로의
비가 되기도 하고
펄펄 네모의

눈이 되기도 하는
그대는
나에게 무엇인가

새싹 자리
넓히고
겨울 자리를
넓히는
그대는
우리에게 무엇인가

깨닫고 있었다
언제인가부터
잘 보이지 않는
눈과 비의 길을 혼자
헤쳐 나가야만
한다는 것을

사랑이 끝나
우리가 걷는 고독한 길엔
햇살도 물 되어

투명한 그림을 그린다는
생각의 자리를
가만 가만 넓혀보다

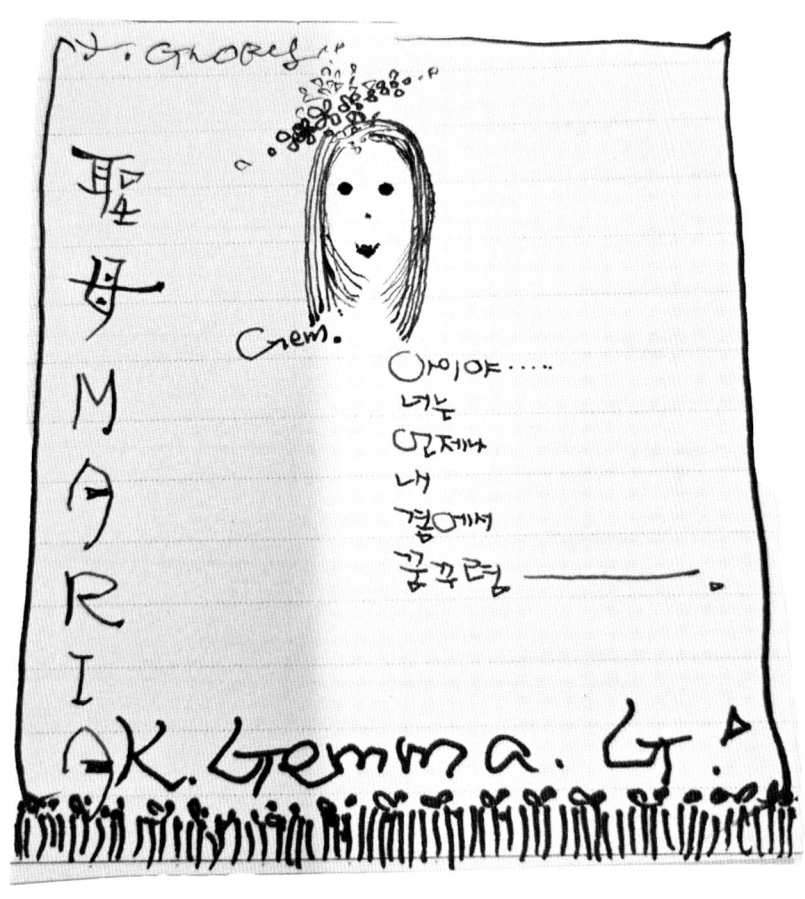

# 20. 공간의 기억

하늘이
천천히 열린다

바닷바람을
잡으려고 하다

시야를
넓혀보다

알 수 없는 테두리
한바퀴
기억이 생겨난다

내가 아는
아름다운 사람이
있었던가

꼬옥 기억해야만
할 사람이
있었던 것일까

하늘 끝이다
놓아야 한다

너도나도
결국엔 공간을 자르는
바람인 것을!

# 21. 잠행성 이동

이글거리는
태양 얼굴에
예순의
나이테는
다리를 걸치고
드러눕다

땀방울은
소금 항성
짜디짠 시간은
기어코
지구별 여름을
만든다

순간
가을은
계절만큼의

무게를 지고 와
짠맛의
영혼 안에
잠을 청하다

겨울 기도 속으로 잠행성은 들어간 걸까?

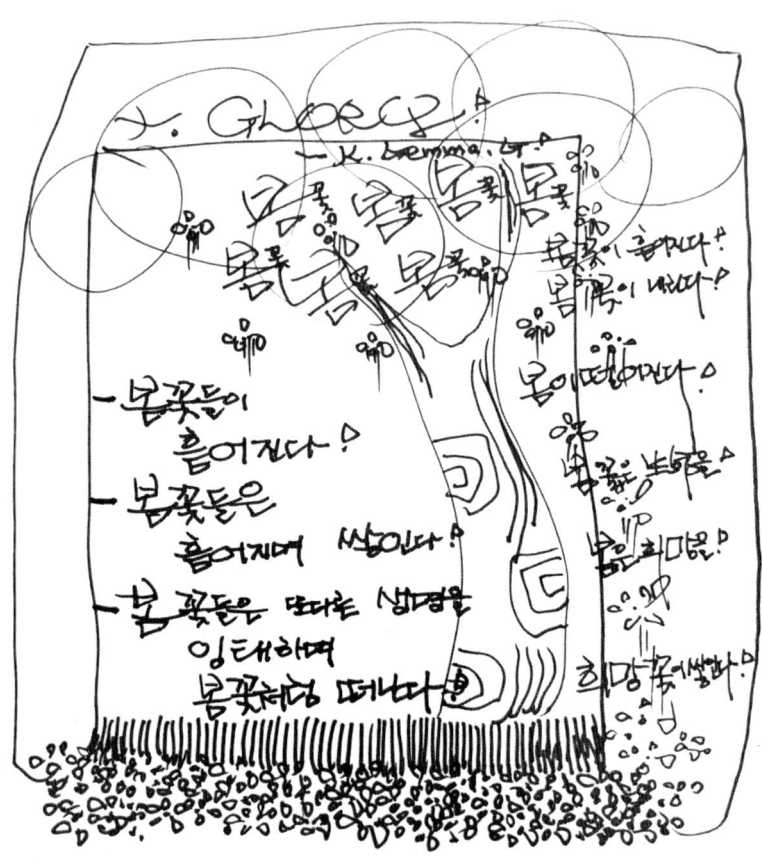

# 22. 시간과 공간 사이

시간과 공간은
무소유 사이 깨어있다

눈빛과 눈빛
마음과 마음

바람과 바람
흔들림과 흔들림

시작과 존재
찰나와 죽음

태양과 달이 그리움을 나누듯이
시간과 공간은 무소유 사이 살아있다

✛ GLORY 침묵의 열을 ─ ♪
주여
지금 제게 필요한 것은, 당신의 아름다운 침묵이옵니다. AMEN.

가을에다 편지를
담고 그린 ─
가을새의 노래?

지독히도 고독한 가을에 바람이 흩어진다.
나무토막이 『또 하나의 나무토막』에게 ─
방황 속에서, 하나 끝이 있는 방황 속에
고운 마음으로 ─ 이상과 명상을 체험하며
이 글을 드린다. AMEN.
      ─1983·10·9·B
      준비자세의 나무토막
      Being a Gemma · G·set

✛ GLORY ♪
K· Gemma· G·

나무 나무토막  나무토막  나무토막  나무토막  나무토막  나무토막  나무토막  나무토막

Gem·

─ 절대침묵 ♪  유순

# 23. 시간의 숲에 서서

내가
이제
어른이란 걸
가끔씩
잊어

그리하여
시간의 숲에 서면
가만 멈추고
내려놓아야
숨 쉬는 나무들이 보여

천천히 가야하는 거다
무엇을 기억하고
무엇을 챙겨야 할지
삶은
현재 진행형인 것을!

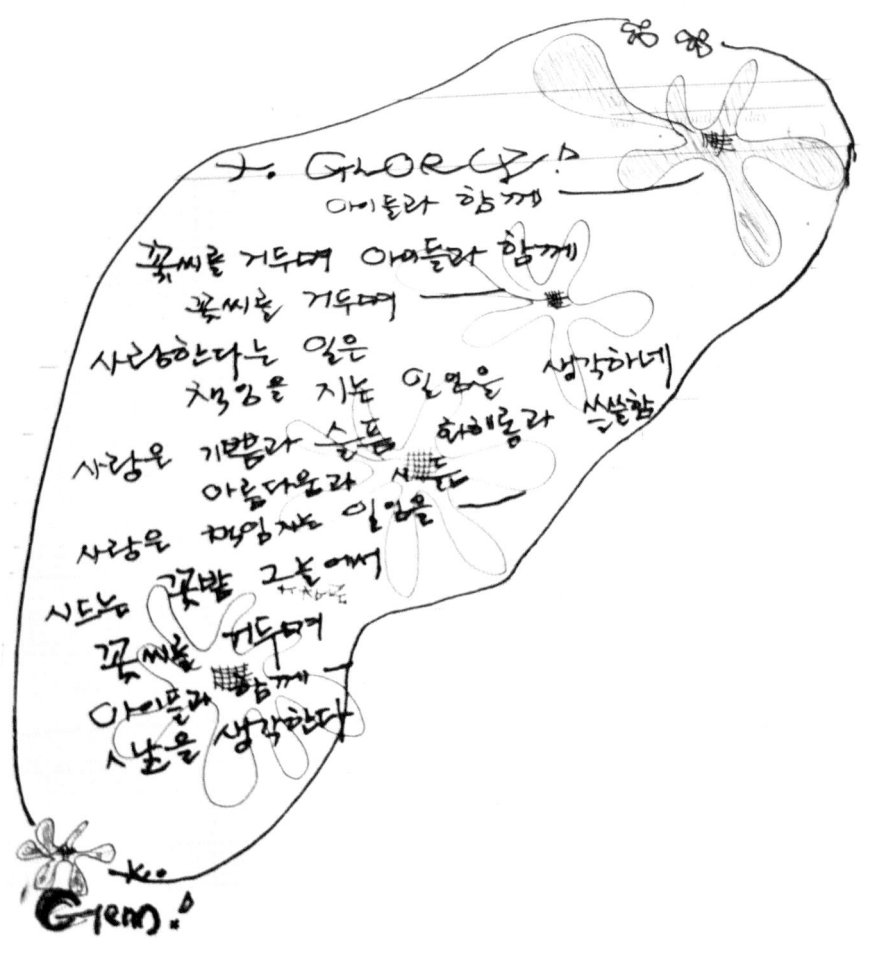

# 24. 곡선 여행

시간은
언어를 타고 내려
지구를 한 바퀴 돌아와
은유로 말한다

둥글게 살아가는 것이
자음이야
끊어지지 않고
자유롭게 사는 것이 모음이야

자음과 모음
곡선 지구 여행길에
내가 뿌릴 고운 생각 씨앗
한 알 동그랗게 챙긴다

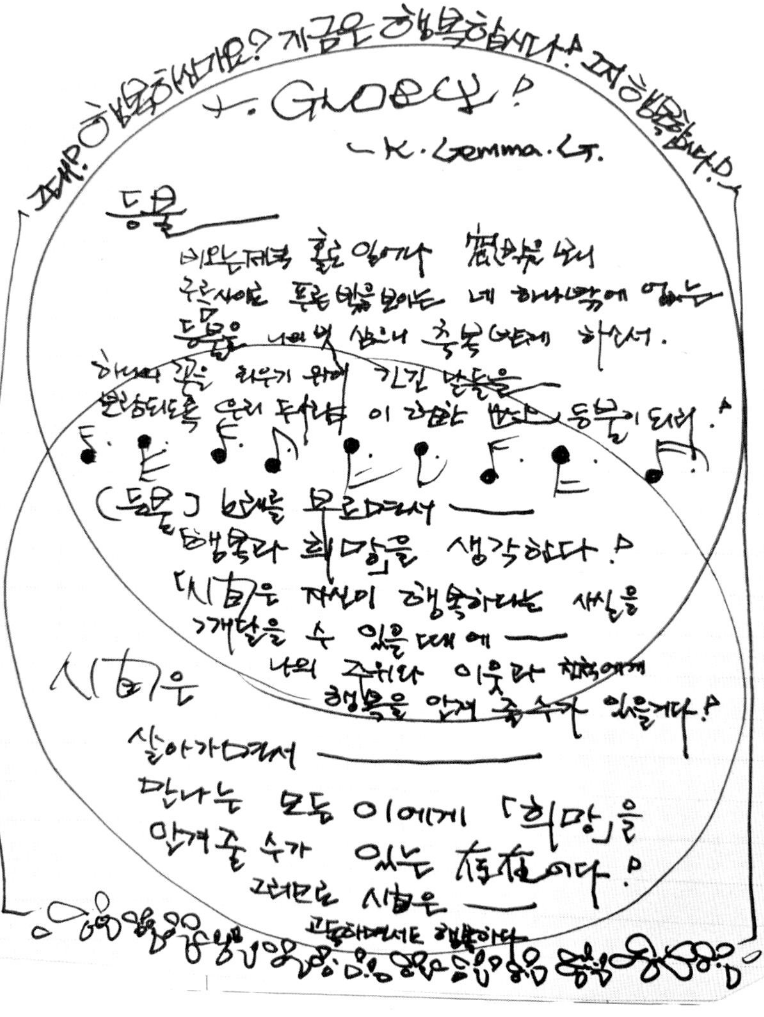

# # 제3부
# 가을 길에서

# 25. 가을과 졸다

가을이 가는 길을
나도 걷고 있는 것일까

하늘에 걸린 나뭇잎
얼굴 위 가을되어 내려와 햇살처럼 누웠다

나뭇잎과 졸다가 햇살과 졸다가
나를 닮은 가을이 별처럼 박혀든다

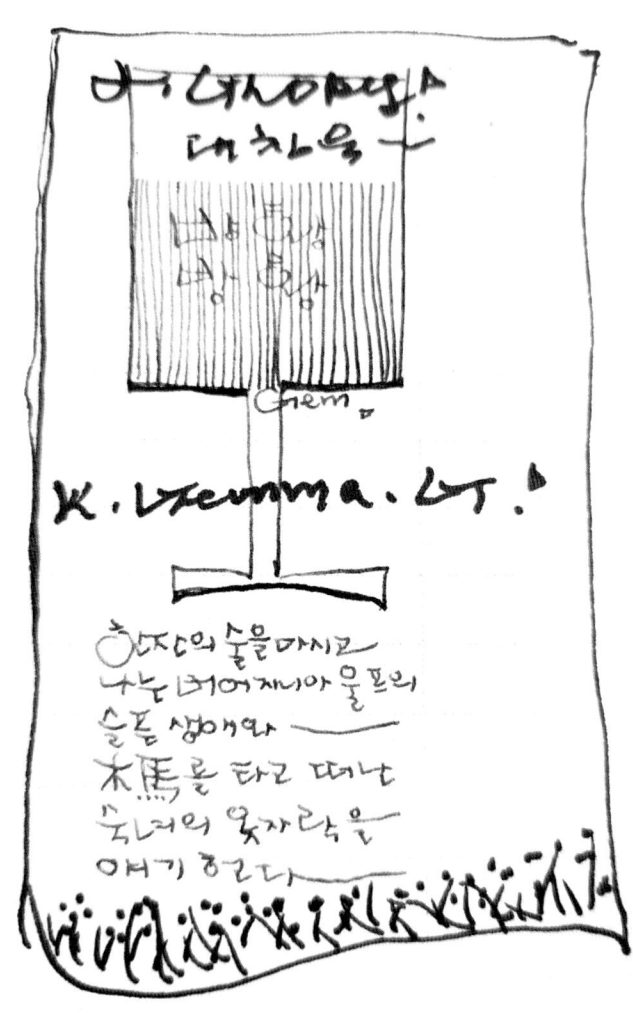

# 26. 산마르코 광장에서

단테 앞에
섰다

그대는 왜
여기 있는지
아는가?

그대는 지금
무엇을
내게 묻고자 하는가?

단테 앞을
묵묵히 지난다

깨어 살라
세상의 많은 시인들이
앞서

또
**그대 곁을 지나쳐갔건만!**

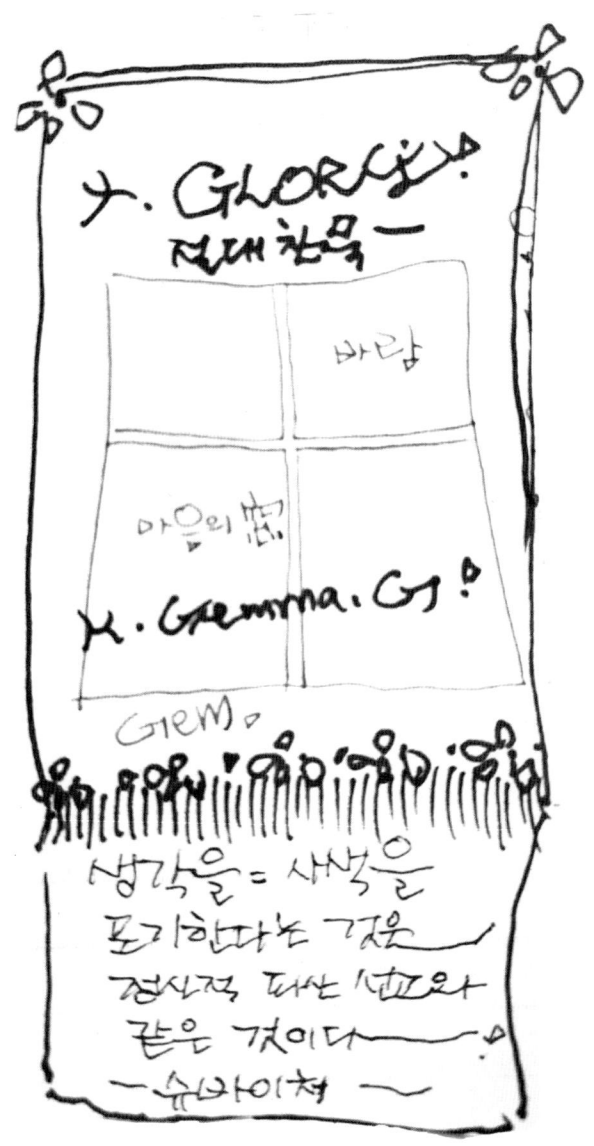

# 27. 나의 시는

가을 속으로
걸어가
햇빛을 흔들고

코스모스
닮아가
햇빛을 모으고

행성과 행성 사이
항성과 항성 사이
은하와 은하 사이에

생명이라는
숨을 키우고
숨을 재우고 있을까

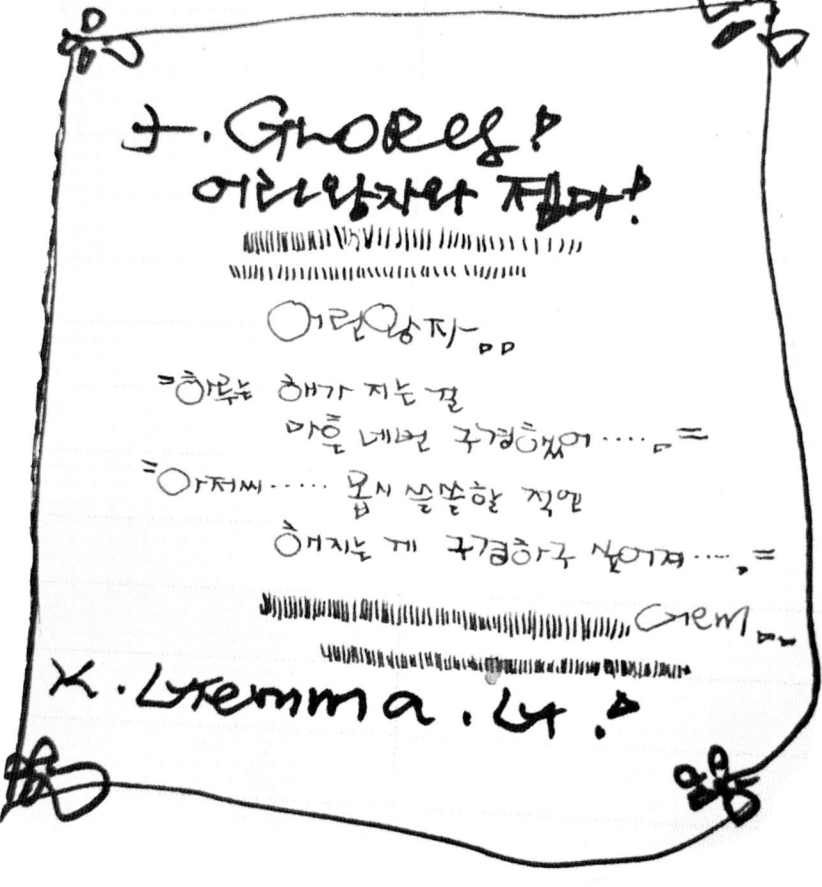

# 28. 어느 여름날

긴 여름이 오는  경남 거제
풀꽃과 풀꽃 사이
신유박해 어린 꽃 묘에 서다

여기
이 자리에서
믿음의 씨앗을 심으라 하네

지금
이 자리에서
자유의 둥지를 틀라 하네

바로
이 자리에서
아이들과 마음 챙겨 갈 길 떠나라 하네

그 해 여름날은

단막극처럼 오는 겨울을
무덤가 풀꽃 모습으로 앉아 부활로 맞이하다

# 29. 살아야지!

순간순간
무엇을 버리고
무엇을 선택해야 하는지
소유함인지
존재함인지
내 얼굴이 보이지 않는다

살아야하지
무언가 긴 울림이 있어
그 물음표 따라 함성을 질러본다
누가
함부로
삶의 수레바퀴를 논하는가

우리네 삶은
우리네 죽음은
늘

의문형인 것을
천천히 걸어가는 거다
마음 길을 따라 천천히 놓아두는 거다!

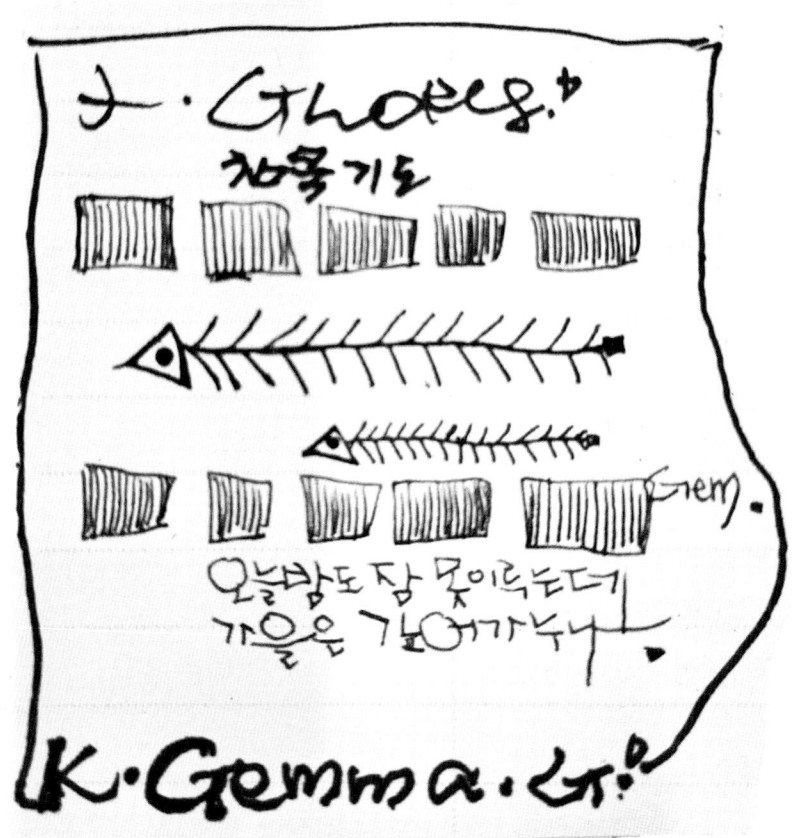

# 30. 예순이 되어 갈 때에

하늘이라는 것은?
땅이라는 것은?
시공간이라는 것은?

삶을 헤아려보고
죽음을 꼽아보고
예순이라는 길 걷는 나를 들여다보니

하늘과 땅과 시공간 속에
흐름과 흐름 속에
작은 먼지가 되어 문제를 다듬는 부서진 예순 얼굴

해가 뜨고 해가 지는 것을 알고 걸었으나
지나온 폭염과 상념은 이어오는 계절에 밀려나
예순이 다 되어갈 때에도 채워지지 않는 바람만 건지고
있다

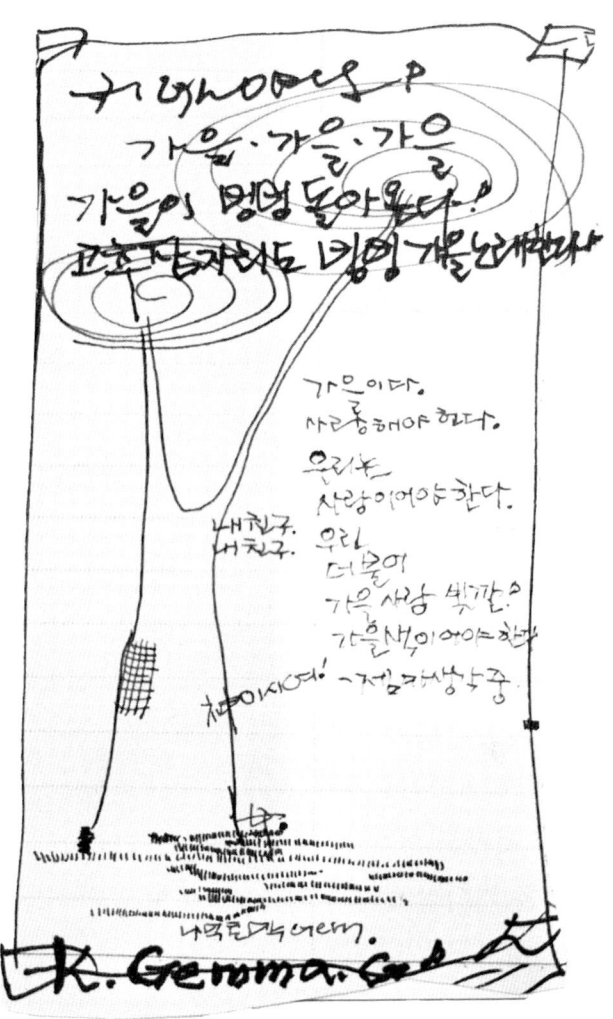

# 31. 그 때

그 해 그 때
우리는 왜
방황을 멈추지 못했을까

파도에
씻은 얼굴을
도화지에 왜 그려야했을까

우주의 질서에 얹혀
왜 노래하며
떠나지 않았을까

그 해의 시간은
나이처럼 기다랗게 멈추어
나를 쳐다보고 있다

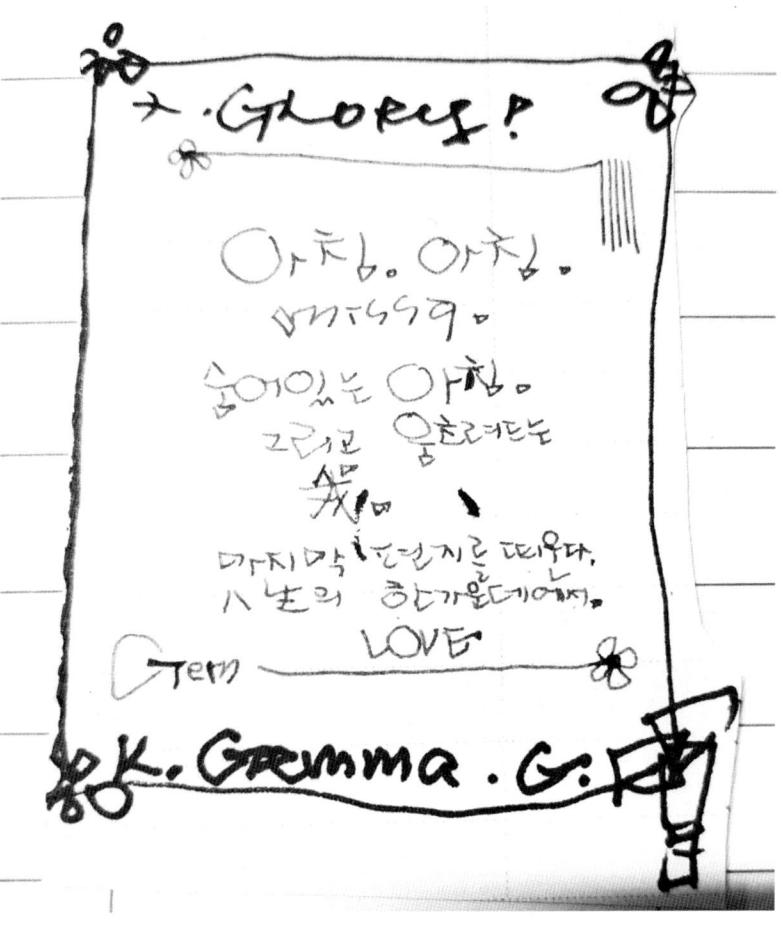

# 32. 하루

시간은 앞으로만 걸어가
나에겐
하루가 24시간보다 더 길어진다

시간이 갈수록 자전 속도가
느려질 때 나는
배꼽을 도려내는 아픔으로 잠에서 깨어난다

이 아침
빛과 어둠의 무게에서
난 나의 하루와 기도하듯 깨어나야만 한다

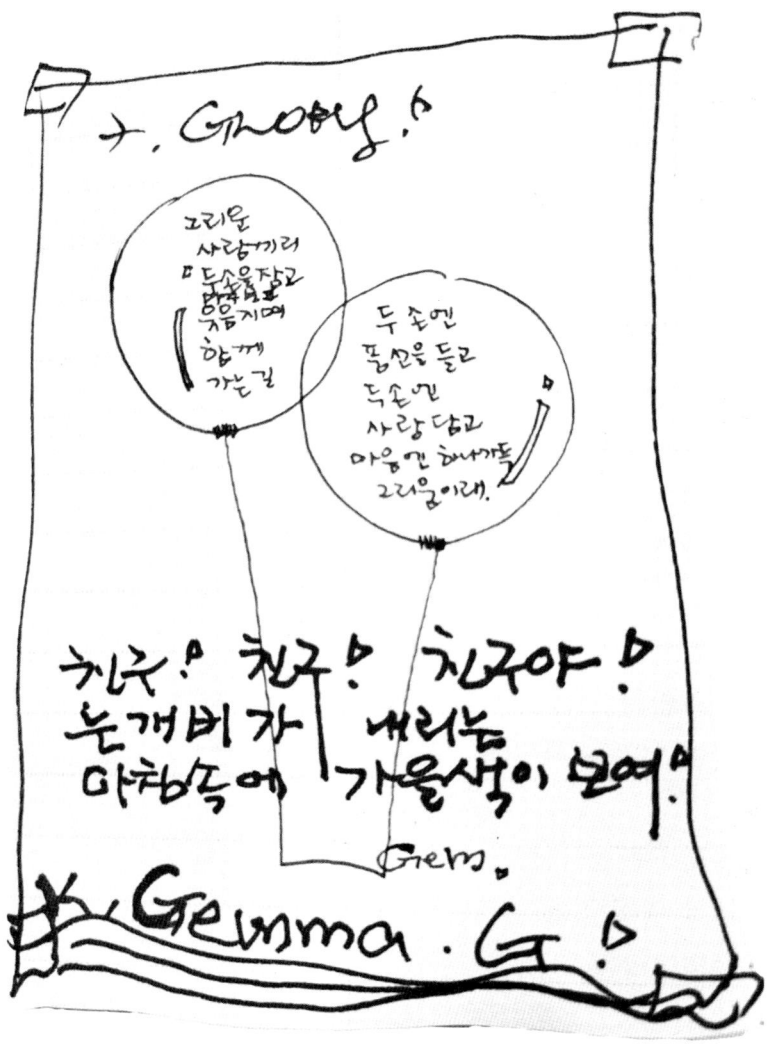

# 33. 알아차리기 시작했다

내
안에
있는 외침과

내
밖에
있는 울림이

가는
늦가을과
오는 초겨울 사이에

톱니바퀴로
서로 엮어질 때
운명이라는 것을

그 운명이

나를 뚫어버릴 때
내게는 단 하루만 주어져 있다는 것을!

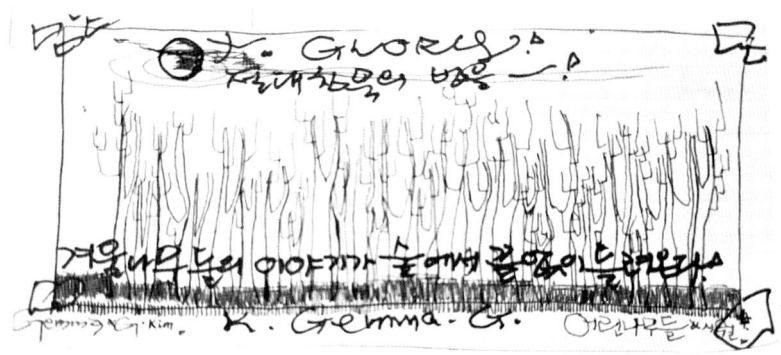

# 34. 그대 덕분입니다!

그렇습니다!

이렇게
숨을 쉬는 것도

이렇게
자유로운 것도

이렇게
뜨거운 여름을 사랑할 수 있는 이유도

이렇게
존재하는 모든 것이 소중함에 안을 수 있는 사실도

이렇게
육신 늙어 가 마음은 점점 깊어져
무한한 평안함 누릴 수 있음도

그렇습니다!
그대 덕분입니다!

계절이 오고 감에
삶의 복잡함에서

이리 단순해져
우리 모두는 그저 사라져간다는 것을 깨우칠 수 있음이

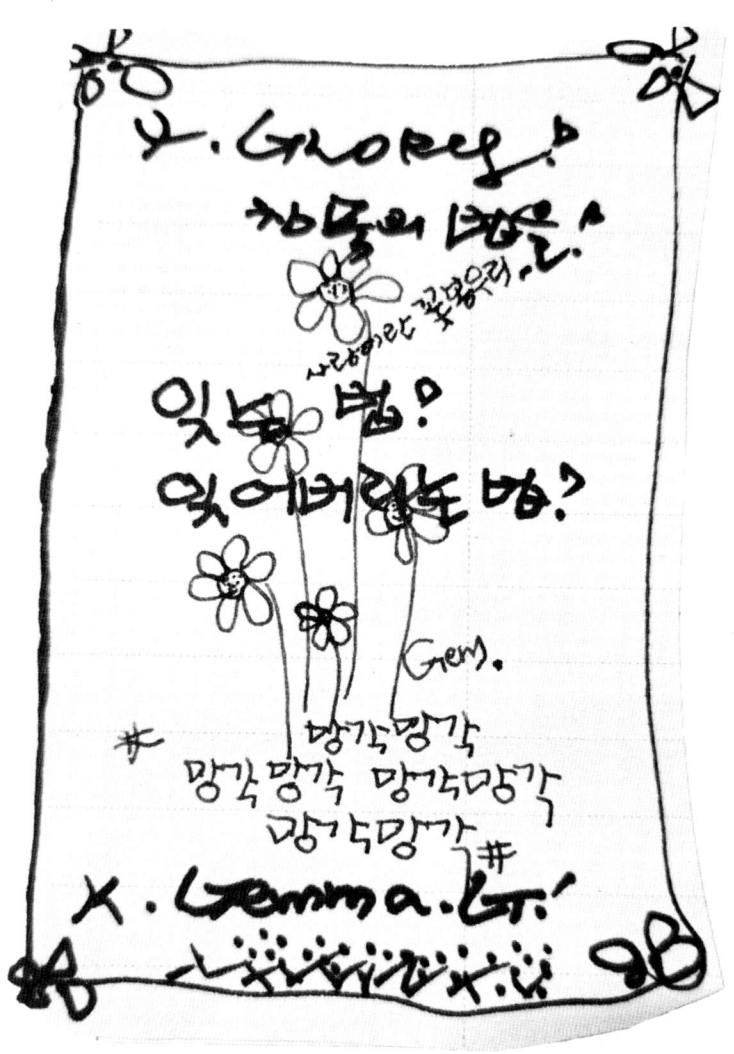

# 35. 무덤 단상

멈추지 않는
계절들 위로
그가
걸어간다

웅성거리는 소리가 들리고
방랑자들이 그 소리를 주워 담는다
멈추지 않는 가을을
그들은 또 붙들고 헤아리고 있다

낙엽이 쌓이고
그 위로 눈이 가만 내려앉을 때
시간은 무심히 스쳐만 가고
음 그런 것이었던가?

그것이 천상이라는 뜻인가?
살아있음도

**떠나감도**
**우리가 아는 웅성거림이 진정 그것이란 말인가?**

# 36. 말라가는 장미꽃에게

발길 멈추고 울지 마라
지금 이 순간 행복하기를!
할딱이는 끄트머리 눈인사를 건넨다
스친 뒷모습처럼 그대는 모른다
말했지
우린 하루가 지나면 이 자리에 존재하지 않아
지나가는 구름도 알아
끙끙 앓아 눈물이 고여도 지금 행복하기를!
그대에게 아주 나지막한 목소리로
에움길을 힘겹게 걸어 와
이제 꼭 거쳐나가야 하는 마지막 길을 가는
너의 그 모습이 지금 우리에겐 소중해!
그대 닮은 씨앗이 영글고 있어
안간힘을 쏟고 있는 걸
천사날개로 숨 쉬면 새벽 별처럼 사르르 잠들어야 하지
자랑스러운 씨앗사랑을 매만지게 되는 것
그대의 생명이라 이름 지을게!

내 자리가 네 자리이듯 오늘 밤은 더불어 꿈을 함께
꾸자
어제가 있어 향기로웠고 지금 지는 모습은
신비로움이지
우리 태어난 제 자리에 돌아가는 날이야
과거와 미래와 함께 현재 이 순간 가장 행복하기를!

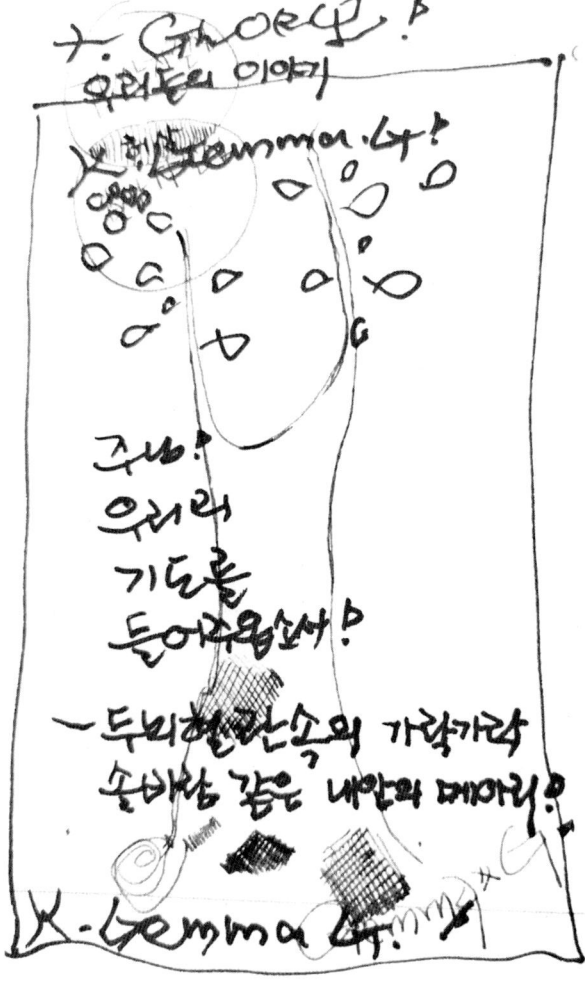

# # 제4부
# 봄 길에서

# 37. 낙화의 묵언

대침묵이다!

낮아지는 것들끼리는
서로 부딪혀도
상처 나지 않는다

쌓이는 눈처럼 짓눌려져도
결코 아프지 않다
베여도 눈물이지 않다

비바람이 풀어질 때
야위어가는 꽃잎들은 햇살에
詩 한줄 걸어 두고 떠나리라

영원히 대침묵이다!

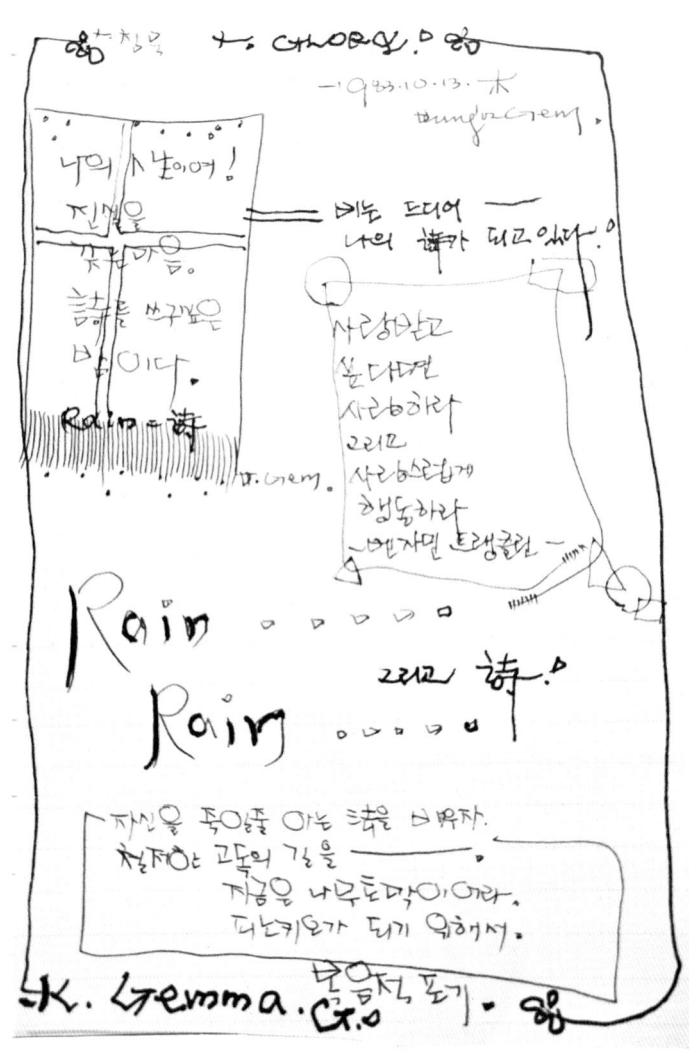

# 38. 묵상의 흔들림

어느 발로
서야 하는 것보다

두 발로
굳게 서서

마음은
온전히 무릎 꿇는 것

생각과 마음을 모아
하느님께 무릎을 꿇는 것

그렇게 나의 묵상은
혼돈 속에 완성되다

흔들려야
묵상은 살아있는 동안 진행되는 것

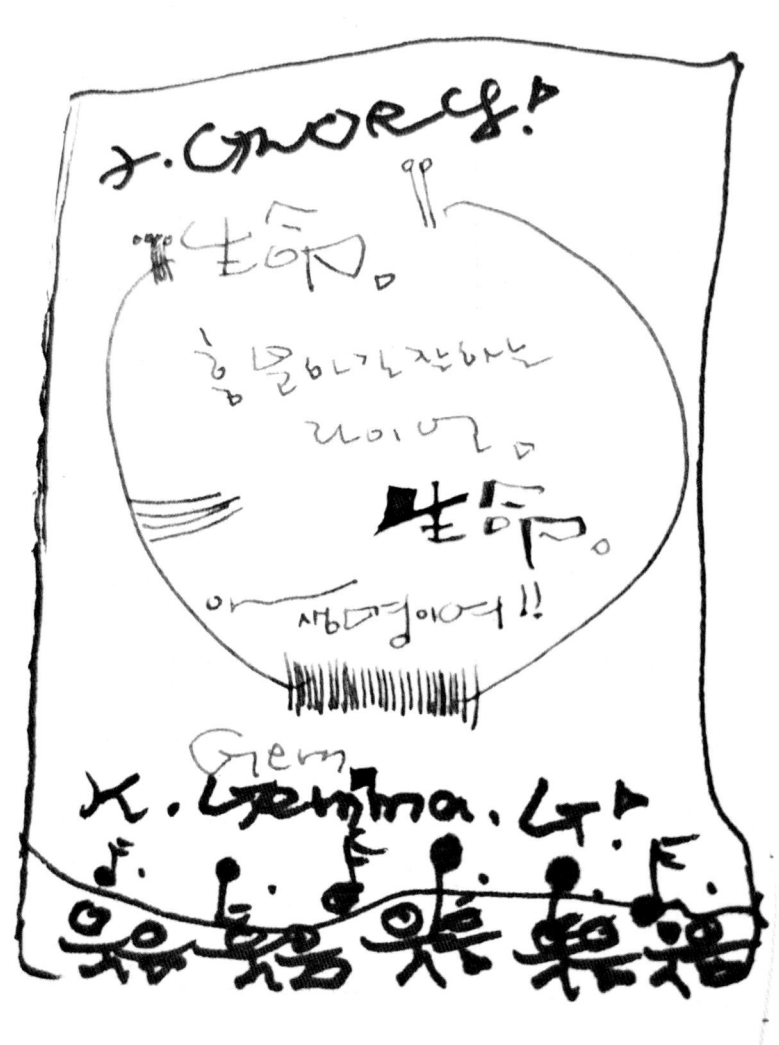

# 39. 길 떠나다, 벚꽃

속절없다 바람의 노래
무성한 꽃등마다
눈부신 시(詩) 한 줄씩 얹어 날아가다

천 길 만 길 별처럼 박히는 심란한 파편들
비상 걸린 듯 곤두박질로 내려와
어귀부터 가지런히 줄을 세우는

연분홍빛 하늘 자리
엎치락뒤치락
사르라니 물안개 몸짓

허공에서 찰랑이다
수척한 손님들
흙으로 돌아눕는 바람의 끝자락

고뇌 신발 신는 이방인에게

마음 단단히 챙겨 떠나라 일러주는
그대 봄 떠나는 순례자인가

# 40. 사랑한다는 것은

나를 내려놓는 것
그리하여
그대와 강물처럼 흘러가는 것

나의 삶을 공유하는 것
그리하여
그대와 하늘을 향해 걸어가는 것

너와 나의 주파수를 맞추는 것
그리하여
은은한 향기로 입 맞추며 자유로워지는 것

나어릴때
철부지로
자랐지만
지금은 알아요.
떠나는 것을 —
엄마품이
아무리
따뜻하지만
지금은 알아요.
올 수 없어요.
안녕 —
안녕 — 안녕.
손을 흔들며
떠나요.
민들레 민들레처럼
지금은 떠나요 돌아오지 않아요.
올 수 없어요.

아빠의
엄마의
깊은
사랑을
안고
살아감은
행복이야.

K · Gemma · 의 · 이쁨

# 41. 더불어 살아간다는 것

순간마다
사랑이라는 것을 챙겨야만 하는 것

선택하는 길마다
책임을 소유하는 것

기억마다
존재의 이유를 물어야하는 것

넘어질 때마다
배움의 자세를 지니는 것

무엇에서나
깨우침을 느끼는 것

물어오는 자에게
내가 지닌 희망을 나눠 주는 것

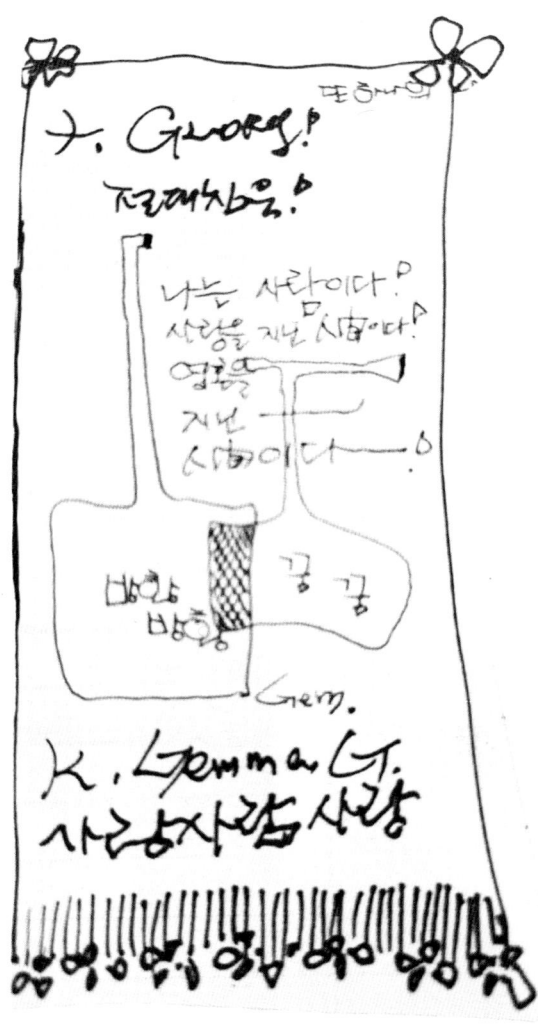

제4부 봄 길에서 · 133

# 42. 가르침은

사랑하는 법과
헤어지는 법을 이야기 한다

웃음을 얻는 법과
십자가를 지고 가는 법을 이야기 한다

과거를 그냥 두고 가는 법과
현재를 그냥 스쳐지나 가는 법을 이야기 한다

미래를 그저 희망으로 걸어가는 법과
삶은 행복으로만 꿈꾸게 하는 것이라는 이야길 한다

# 43. 소들의 동행

문제의 실체에 올라 길을 나선다
역경에서 굳게 외치며
일제히 일어서는 그 무엇엔가
함께 라는 이유로
굳은 믿음 안고
24시간의 깃발 앞세워 꺼내
진지하게
거룩하고도
아름답고
자유로운 각혼이 되어
소들은 준비 된 그 길을 나선다

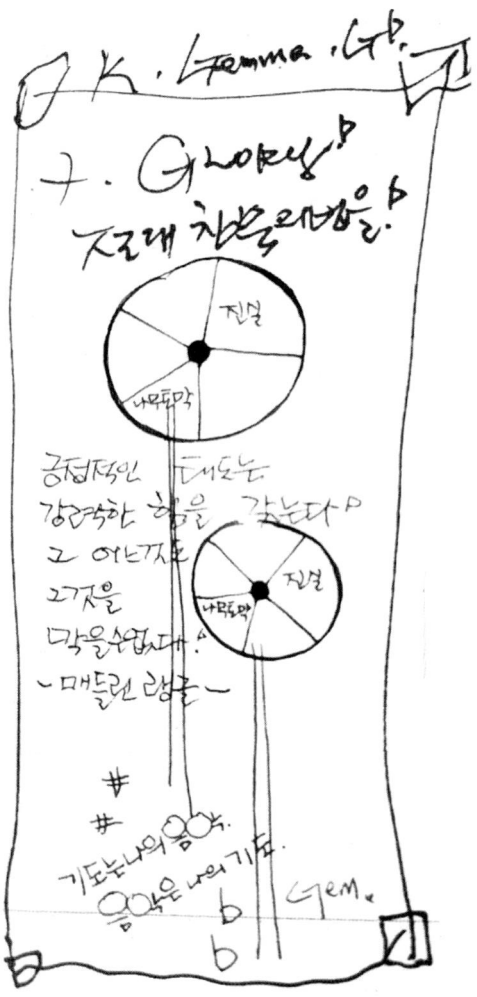

# 44. 존재함은

커다랗게 숨을 제대로 마신다
느린 걸음으로 산책을 한다
흘러가는 구름을 세듯 아름다움으로 노래 부른다
때론 도랑물을 움켜쥐듯 진지하다
가끔씩은 햇빛을 두 손 가득 받아 항아리에 담아놓는다
희망과 고난 속에 눈물로 묵묵히 나를 지켜봐야 한다
태어나면 자신도 모르는 날에
먼지로 다시 되돌아 가야하는 것을 앎이다!

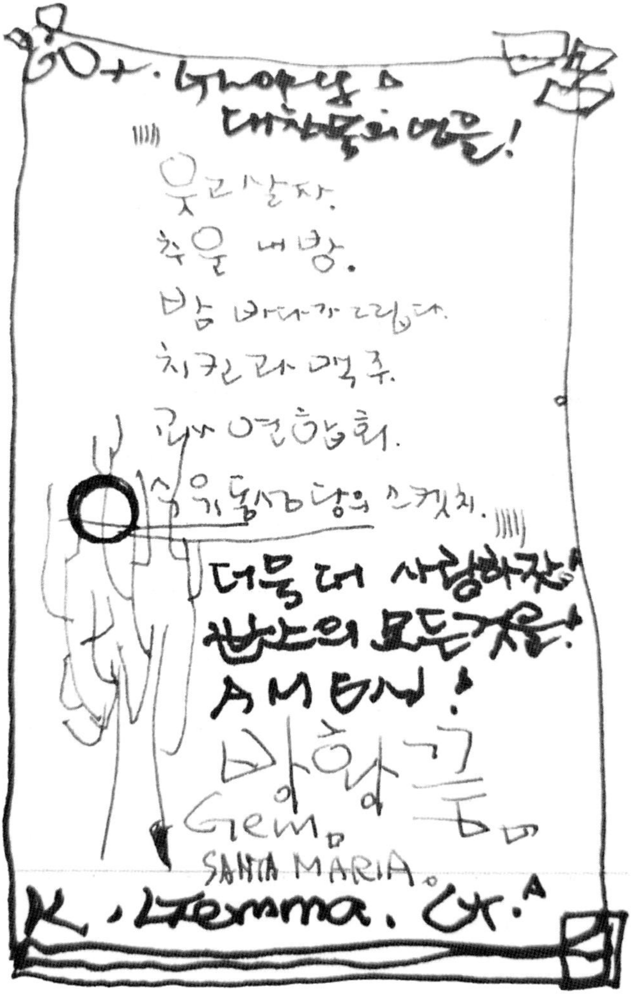
웃고살자.
추운 내방.
밤 바다가 그립다.
치킨과 맥주.
교우 연합회.
더욱더 사랑하자!
AMEN!
SANTA MARIA.

# 45. 묘비의 아우성

그가 말했다
말없이 그가 얘길 던졌다
언젠가는 우리도 함께 할 거라는

난 무심한 얼굴로 스쳐지나 왔다
아무런 대답도 하지 않았고 할 말도 없었다
무엇이 그리 바빴었던 것인지 내 걸음에 열중했다

갑자기 눈이 내리고
바람이 아우성 치고
번개가 치고 비는 끝없이 쏟아질듯 순식간에 쏟아냈다

너의 죽음이 있음을 기억하라고
너의 삶은 내일이 아니라 단지 오늘뿐이라고
태어남은 곧 자연으로 가는 것이라고

되돌아오는 길 그가 아우성을 쳤다

언젠가는 우리도
봄과 봄 사이 자라나는 묘 잔디와 함께 할 거라는

# 46. 비 내린 4월 아침

바하의 선율이 비바람에 흩어진다
밤새 쏟아져
꽃잎 꽃잎들
젖은 악보처럼
헤아릴 수 없는 형체로 찢겨진 채 이별 연습을 한다

내던져지는 빗방울 속도만큼
서로 빠른 작별의 손을 내밀어야 한다

비 내린 봄날 아침에는
우린 모두 낯선 꽃잎 악보 되어
희망을 깊이깊이 찾아내야 한다

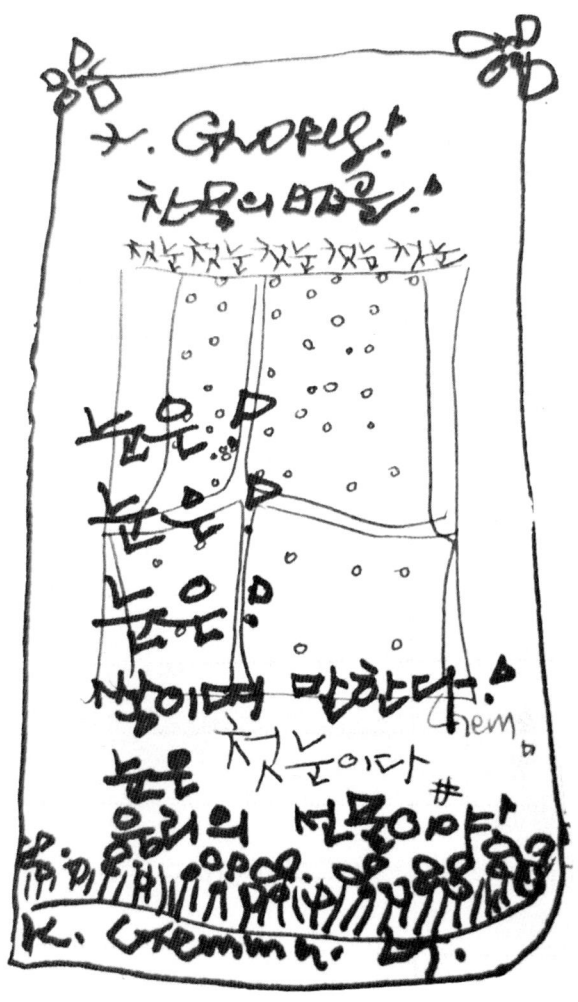

# 47. 내가 좋아하는 것들

무언가를 깨달았을 때에
마침 곁에 있는 풀꽃들의 언어들

무언가를 얻었을 때에
마침 곁에 있는 길가 고양이들의 하품

무언가에서 자유로워졌을 때
마침 누군가가 들려주는 어릴 적 불렀던 노래들

무언가 사랑스러워졌을 때
마침 아기들의 웅얼거리는 알 수 없는 웃음들

하루 종일 명상을 한 후
마침 들리는 하나 둘 석양 따라 돌아가는 아이들 발자국
소리들

나의 길을 오늘만큼만 걸어 걸어간다고 했을 때

마침 내게 음악과 차를 준비해주는 낯익은 공간과
시간들

# # 제5부
# 아침 묵상 길에서

**1-1 < 아침 묵상 중에서 >**

# – 희망은!

선물처럼 이루어진다!
그래서 희망은 품는 것이다!

깊이 지니고 있으면,
꿈은 어느 날엔가
자신 안에 자리 잡고 있다!

## 2-2 <아침 묵상 중에서>

# – 삶에는!

삶은 창조이다!
삶의 길에는
사소한 것은 없다.
걷는 순간마다
꿈들이 엽서처럼 안겨
하루만큼의 햇살을 그리게 한다.

### 3-3 <아침 묵상 중에서>
# – 오늘의 얼굴!

먼지 되어
모든 것이 떠나간다.
존재하는
지금의 시간과 공간이여,
오늘이라는 네 얼굴도 아듀!

## 4-4 〈아침 묵상 중에서〉

# – 지금이 좋다!

있는 그대로 그대가 좋다!
그냥 좋다!
이 사실은 내가
사랑이 있는 인간이라는
존재임을 깨닫게 하기에
지금이 참 좋다!

**5-5 〈아침 묵상 중에서〉**

# − 마음과 마음은!

서로를
늘
처음처럼
발견해야만
이어지는
하얀
겨울 색 같은 것!

**6-6 〈아침 묵상 중에서〉**

# – 무한을 생각한다는 것은?

흩어져 있는 내 시간을 공유한다는 것!
없어져버린 내 공간을 공유한다는 것!
그리고 죽음과
그 먼지와
끝없이 생각을 나눈다는 것!

**7-7 〈아침 묵상 중에서〉**

# – 삶을 마신다!

이른 새벽 깨어나
커피를 꺼낸다.
고독한 고요를 건져 올린다.
그대와 나를 닮은 詩가 올라온다.
오늘 걸어야 할 삶을 마신다.

## 8-8 〈아침 묵상 중에서〉

# – 같다!

우린 오른다!
너도 오른다!
나도 또 오른다!
꼭대기를 향해 오르고 올라
내려다보니 똑 같다!

**9-9 〈아침 묵상 중에서〉**

# – 긍정의 출발!

주위의 사람들이
길을 찾아
환하게 걸어 갈 때
그대는
긍정의 크레센도가 된다!

**10-10 〈아침 묵상 중에서〉**

# – 가을색이 내린다!

는개비 멈추는 늦여름 낮
매미가 던져주는 맴맴 메아리에
가을 색이 시리듯 보인다.
한낮 끝에
이어지는 는개비가
기어코 가을색이 되어 내린다!

# 〈축하의 메시지〉
# -웅혼한 詩想을 열정의 불꽃으로 피워내!

## 이은집(한국문인협회 부이사장)

여기 '젬마 김영미' 詩人은 독자를 소용돌이치는 우주의 주인공으로 이끌어, 순식간에 작중 詩의 세계로 몰입시키는 웅혼한 詩想을 깊이 지닌 작가이다.

많은 독자들은 젬마 김영미 시인의 詩 세계가 이해하기 쉽지 않고 詩想이 철학적이고 추상적이라 참 어렵다고들 말한다. 김젬마 시인의 詩는 늘 인간 내면의 고뇌와 더불어 성찰과 인간 자아의 생명을 경이롭게 표현하기에 한편으로는 어려울 수도 있을 것이다.

김 시인이 유년과 청년시절부터 지금까지 여러 갈래의 삶을 걸어 나오면서 실상의 깨달음을 포착해내는, 작가 고유의 독특성을 함축적으로 표현하였기 때문이다.

김 시인은 젊은 시절 뜻이 있어 수도원 생활을 했으며, 사회교육자로서의 임무 수행을 누구보다 성실히 잘 해나왔으며, 중반기부터는 국가인권위원회에서 노인인권을

위해 사명감을 갖고 활동을 했었다. 지금도 노인인권센터를 운영하며 상담사로 활발히 또한 묵묵히 드러내지 않고 수행하고 있다. 이러한 부분들은 김 시인 그만이 지니고 있는 독특한 고유성으로, 이젠 정착되어져 참으로 빛나는 얼굴이기에 김 작가를 응원한다면 일독할 것을 독자들에게 권유를 드린다.

젬마 김영미 시인이 여러 문학지에 펴낸 작품들 중에 한 편을 선택하여 적어도 7번씩 거듭 천천히 되뇌어 음미해 보시라! 모난 돌 동그랗게 다듬듯 음미하고 묵상 하다보면 김 젬마 詩人 삶의 인생관과 가치관 그리고 세계관이, 자연과 우주의 생명 신비와 함께 마주보며 길을 걷듯 깊고도 여유로운 질서와 짙은 여운과 잔잔한 감동을 준다.

김 시인의 시와 수필, 소설 작품의 소재는 모두 정적인 자아에서 시작되지만 그 구성과 우리에게 심어주는 메시지들은 인간 내면을 늘 향하여 있어서, 치열한 생명력과 갈망으로 젬마 김 시인만의 우주를 끌어온다.

그래서 생생한 이미지로 시작하여, 인간이라는 존재가 스스로 끊임없는 자아 성찰을 통해 날마다 새롭게 탄생되어야 한다는 생명 담긴 길을 독자들에게 환히 열어 준다.

하루하루 생명의 재탄생을 향해 표현해 내는 김 시인의 은유적, 청각적, 시각적인 언어는 독특함을 넘어 고유성을 띤다. 또한 평상시 우리가 사용하는 접속어와 언어 반복을 통해 김 시인은 그녀만의 독창적인 시의 질감을 고조시키고 있어서, 시를 읽는 내내 독자들 내면에서 잠자는 영혼을 깨우기도 한다.

반복되는 표현에서 시의 운율감과 음악성이 돋보여 이번에 제가 김 시인 스승으로서의 AI동영상 작품 세 편을 선물하기도 했는데, 이 작품들을 분석해보면 자기 자신뿐만 아니라 읽는 독자들에게 당당히 세상과 맞서라고 선포를 여러 번 하며 강조하고 있다.

많은 작품의 詩 처음과 끝부분에서 선포 표현을 강조하여 젬마 김 시인은 역설적인 표현을 하기도 하며, 고유의 철학적이고도 추상적인 강렬한 이미지를 담은 그녀만이 소화할 수 있는 시어로 표현해내는 단어의 신선한 선택이 시인으로서의 탁월성을 방증한다.

詩想에 한 알 한 알 生命 씨앗들이 소중히 담겨있는 작품들이 대부분이다. 시인이 걸어 온 삶의 역경, 십자가, 혼란스러움, 부적응, 고난과 더불어 시련들 그리고 순간순간 많은 날들이 던져주었던 자유롭지 못했던 긴 시간과 공간들은 인간으로서의 지독한 방황 자체인 길을 스스로 헤쳐 걸어 나오게끔 했다.

무호흡 같이 정지 되어버린 길을 다스리며 스스로 모든 십자가를 내려놓고 지금은 환한 얼굴로 바라보면서, 그러한 시간과 공간속에 쓰여 진 뿌리 깊고 넓은 깨움의 메시지가 독자들에게 얘길 한다.

[- 진정 스스로 존재함으로, 자유로움과 행복함을 삶에서 천천히 함께 건져내자! ] 라고 작품 속에서 시인은 거듭 메시지를 과감히 던져주며 우리 자신을 깊숙이 성찰하게끔 이끌어내게 한다.

젬마 김 시인이 심어주는 그러한 독특한 詩想은 복잡하고 다양한 현 시대를 걸어감에 있어, 독자들의 여러 시각 속에 들어가 여유로운 삶의 길을 그려주고 챙겨주는 것을 깊이 느낄 수 있다.

특별히 이번 - 〈네가 가는 길엔 햇살도 길을 그린다!〉 詩集의 작품 중에서도,

〈해오름에서〉

〈고인들에서 듣다〉

〈예순이 지나갈 때에〉

〈서 있는 곳에 詩를 심고〉

〈공간의 기억〉

〈생각의 자리를 넓히다〉

〈시간을 듣다〉

〈바람이 눈 되어 쌓여 갈 때〉

〈또한 아름다운 것들!〉

〈Deo Gratias!〉

〈계절의 생각을 잡다〉

〈말라가는 장미꽃에게〉

〈묵상의 흔들림〉

〈Benedicamus Domino!〉

〈우리와 모모의 별과 그리고 시간과〉

〈삼각형 ABC〉

작품들은 젬마 김 詩人만이 독자적으로 창조할 수 있는
고유의 표현영역이다.


삶의 깊은 묵상 재료가 되는 그녀의 작품을 한 편 골라
음미하면, 마치 그의 영혼이 웅혼한 詩想을 열정의 불꽃으로
타오르고 있음을 느끼게 된다.

한마디로 드넓은 우주를 향해 생명을 활활 피워낸 느낌을 온전히 우리 가슴에 쏟아내어 커다란 숨길을 받을 수 있다.

-뜨겁게 달구는 시린 가슴
끓는 두드림이 여기 있고
떨림이 저기 열정으로 가고
헤아림이 여기로 오는
세상 뒹굴던 마음/ 한바탕 쏟아지고
　　　　　　　　− 〈해오름에서〉 作品 중에서


-이천오백, 삼천년의 무게를 들고
가부좌를 틀고 부처같이 어질게 앉은
장엄한 역사의 목마른 고백인가
멀고 먼 그 시대의 숨결
　　　　　　　　− 〈고인돌에서 듣다〉 作品 중에서


-그렇게 또다시 먼지가 되어
나이를 익혀
예순 노을 불바다에
활활 태워
재도 없이

그리하여
떠나는 방향도 없이
홀로
시공간 속으로 떠나리라
존재함으로!
　　　　　　　　　－〈예순이 지나갈 때에〉作品 중에서


－수도원에서 한나절 바람 따라 머물다가
내 걸음에 詩를 심어보라는 말씀이 흘러
눈에 보이지 않는 것이 더 소중하다는 어린왕자를 맘에
담고
광야에 나아가 발을 천천히 내딛는다!
　　　　　　　－〈서 있는 곳에 詩를 심고〉作品 중에서


－하늘 끝이다
놓아야 한다
너도나도
결국엔
공간을 자르는
바람인 것을!

　　　　　　　　－〈공간의 기억〉作品 중에서

−네가
가는 길엔
햇살도
그림을 그린다는
생각의
자리를
가만 넓혀보다

　　　　　　　− 〈생각의 자리를 넓히다〉 作品 중에서

−빙하기에 박힌
시간의 화살에서

빛나는 코스모스
한 줄기 향기를 먹는다

맺힌 하루 향기
내 시간이었을까

지금 나는
시간을 듣는다

　　　　　　　− 〈시간을 듣다〉 作品 중에서

요즘 〈문학은 죽었다〉고 한탄하는 문단의 현실에서 GEMMA.G 金英美 시인 같은 담대한 시상을 세상에 꽃 피워낸 열정의 문학가 등장은, 우리 문단을 구할 잔 다르크 같이 느껴져 아주 기쁜 마음으로 축하 메시지를 쓴다.

"김 선생님! 문학의 길에서 문학상은 자녀를 낳는 것이요, 저서는 집장만인데 빨리 소망을 이루세요. 이제는 작품을 세상에 알릴 때가 되었어요." 라고. 나는 몇 년 전 봄날에 젬마 김영미 詩人에게 손 편지를 보낸 적이 있다.

시와 소설 부문에서 등단할 때에 제가 심사위원장을 하면서, 또한 문학대상과 작품상을 수여하게 됨으로써 자연적으로 김 詩人과는 스승과 제자가 되었고, 김 시인의 깊고 넓은 작품 세계를 점점 더 알게 되면서 나는 몇 년 전부터 새로운 作品을 출간하라고 재촉을 했었다.

삶의 미로 같은 방황과 역경들을 〈"실타래를 친친 감고/ 승천의 문턱에 닿은 고해성사마다/ 싱싱한 시간의 빈잔"〉 이라는 표현을 구사하여, 삶의 고난에서 신비하게 벗어나는 탄생 통로와 희망을 우리에게 열어주는 젬마 김 영미 詩人!

드디어 작품이 출간된다는 소식을 듣고 마음 뿌듯했다. 시와 함께 수필과 소설을 쓰기 시작한 김 젬마 작가의

앞날에 축복을 드리며, 고요히 정진하고 건필하기를 기도
올린다.

– 이은집 한국문인협회 부이사장 –